CHINA, JAPAN AND SOUTH KOREA'S ECONOMIC INFLUENCES IN LAOS AND PERCEPTIONS

中日韩与老挝的

经济交往与认知

蔺 睿 著

知识产权出版社
全 国 百 佳 图 书 出 版 单 位
—北 京—

图书在版编目（CIP）数据

中日韩与老挝的经济交往与认知/蔺睿著．—北京：知识产权出版社，2021.1
ISBN 978－7－5130－7130－7

Ⅰ．①中…　Ⅱ．①蔺…　Ⅲ．①对外经济关系—研究—东亚、老挝　Ⅳ．①F130.5

中国版本图书馆CIP数据核字（2020）第161805号

内容提要

本书选取老挝作为研究对象，将中国与老挝的经济交往与老挝对中国的经济认知之间的关联性进行了实证性的研究，以试图在学术研究层面找出中国对老挝的出口、投资等经济活动与老挝对中国经济要素的认知印象之间存在何种关系。同时，本书选取了日本与韩国作为中国的参照系，得出了中日韩三国对老挝的经济要素增加与老挝对它们的经济认知变化呈正相关的总体结论。

责任编辑：李小娟　　　　**责任印制**：孙婷婷

中日韩与老挝的经济交往与认知

ZHONG－RI－HAN YU LAOWO DE JINGJI JIAOWANG YU RENZHI

蔺　睿　著

出版发行：知识产权出版社有限责任公司	**网　　址**：http://www.ipph.cn
电　　话：010－82004826	http://www.laichushu.com
社　　址：北京市海淀区气象路50号院	**邮　　编**：100081
责编电话：010－82000860转8531	**责编邮箱**：lixiaojuan@cnipr.com
发行电话：010－82000860转8101	**发行传真**：010－82000893
印　　刷：北京中献拓方科技发展有限公司	**经　　销**：各大网上书店、新华书店及相关专业书店
开　　本：720mm×1000mm　1/16	**印　　张**：9.75
版　　次：2021年1月第1版	**印　　次**：2021年1月第1次印刷
字　　数：165千字	**定　　价**：69.00元

ISBN 978－7－5130－7130－7

目 录

第1章　绪　论

1.1　问题的提出

中国自提出“走出去战略”以来，在世界各国尤其是非洲、南美与东南亚地区，除出口贸易量不断提高以外，对这些地区的直接与间接投资也在同步迅速增长；伴随着跨国经济交往的日趋密切与中国的国民消费能力提升，中国的商业人员与游客也越来越多地在世界各国包括上述国家出现。同时，随着国力的增强，中国在对上述相对发展较为落后的地区的援助也日益增多。从总体上来看，在全球化背景下的中国，已不再仅仅作为发达国家的经济要素流入国存在于世界经济格局中；作为经济要素的流出国，中国的经济影响力已经在上述提到的地区，特别是东南亚地区成为了非常显著的一大存在。[1]

这样的影响力在近几年来更是呈现出加速增长的趋势，特别是自2013年以来，中国正式提出了“一带一路”倡议，为东南亚地区、整个欧亚大陆乃至世界都描绘了空前巨大的基础设施建设与贸易投资增长的远景；作为对于这一动议的回应，中国的学术界对于“一带一路”的各项相关课题研究也成为了国际关系与国际经济学界最大的热门之一；各种关于“一带一路”倡议顶层设计、与沿线国家合作策略以及对于沿线国家情况进行研究的专著、期

[1] 中国在东南亚地区的经济要素的影响力，以较近的统计数据来看，2015年中国与东盟国家之间的双边贸易额达4720亿美元，2015年中国对东盟直接投资流量达146.04亿美元；对外援助方面，2010—2012年，中国的对外援助金额总计为893.4亿元人民币，其中30.5%为对亚洲地区国家的援助。人员方面，中国近几年来始终为东盟最大的游客来源国，每年逾一千万人次，占东盟游客来源比例超过10%。详情参见《2015年度中国对外直接投资统计公报》《中国的对外援助（2014）白皮书》，中国政府网（www.gov.cn）官方统计数据及东盟官网（www.asean.org）官方统计数据等。

刊论文、会议文集的大量出版，极大地丰富了国际关系与国际经济学界的研究内容，也为这一倡议的实施与优化提供了大量有价值的政策谋划与建议。时至今日，“一带一路”倡议在具体实施层面仍在不断完善，尤其是2017年以来，“一带一路”国际合作高峰论坛已经成功举办两届。与此同时，亚洲基础设施投资银行（Asian Infrastructure Investment，AIIB）、丝路基金等与“一带一路”倡议相关的跨国合作机制建设也在积极展开。此外，“一带一路”与现有各类国际及区域合作机制的融合与衔接也在稳步推进中。这样的发展趋势也要求学界在“一带一路”宏观层面的研究，以及该倡议所涉及的沿线国家的相关区域的研究更加细致深入，本着尊重客观事实的原则，继续推动相关研究的进一步发展。

本书所聚焦的研究方向，是中国对东盟国家之一的老挝的经济要素输出及其政治影响之间的关系，亦即中国作为经济大国在与老挝进行经济交往中的“经济形象”。作为“一带一路”的互联互通倡议所涉及的东南亚第一站老挝[1]，研究中国与其经济要素输出及其政治影响之间的关系显得愈发突出。实际上，本书的起始时间要早于“一带一路”提出的时间。早在20世纪初，针对中国“走出去”战略进行的国际关系与国际经济学相关研究中，已有大量的类似研究出现，而相关的具体研究问题中，很多学者都关注了中国在对外经济合作中所面临的各类政治与认知影响，如中国国有经济在其他国家地区投资的效率、效益及当地对其形象认知，投资对象国的政治风险及其对中国在当地经济利益的影响及风险评估问题，以及在近年来愈发受到关注的有关“中国在其他国家不断壮大的经济要素存在是否对当地经济发展形成压力”即经济伙伴国家对中国的经济形象认知问题。笔者对中老经济交往与中国在老挝的经济形象的研究动机，则正是来源于多年以来长期对上述研究问题的关注与思考。

在中国的国际关系研究中，一直以来老挝并非一个热点。与其他东盟国家相比，老挝与中国的外交关系向来被认为是极为融洽的，因此，在中国乃至世界学术界的国际政治研究中，中老关系研究并非主流问题之一，通常中

---

[1] 将老挝看作是互联互通在东南亚的第一站，不仅是由于老挝与中国云南省接壤，更是由于中国在中南半岛地区推动的泛亚高铁建设计划中，中老铁路项目是这一庞大铁路规划中最为重要的一环；目前泛亚高铁建设计划中前景最为乐观的中线，起点即是中老铁路项目，并经由老挝段铁路联通泰国等国家。

方对于中老关系的认识也是高度和谐的。中老两国同为社会主义国家，政治体制高度近似，老挝人民革命党自 1986 年起推行的经济改革政策也与中国 1978 年起实施的改革开放政策非常相似，同时，作为中国的陆路邻国之一，老挝与中国的边界领土争议相对最小，且边界条约的签订也是在中国与各邻国中最为顺利的：从 1990 年 8 月双方开始边界谈判，至 1991 年最终条约在北京签署，仅仅历时 1 年，且没有任何未决争议。作为中南半岛上唯一的内陆国家，老挝对于中国与东盟国家在南海问题上的争端较为超然，与中国没有利益纠纷。近年来，中老两国之间的高层领导时有互访，尤其是 2015 年 9 月，中国人民抗日战争暨世界反法西斯战争胜利七十周年阅兵式中，老挝最高领导人不仅出席，而且派出了仪仗队接受检阅。2016 年 5 月，老挝人民革命党中央委员会总书记本扬访问中国；2017 年 11 月，中共中央总书记习近平访问老挝。2019 年 4 月，两国决定启动《构建中老命运共同体行动计划》，为两国的政治交往开启了新的篇章。

在地区层面的经济合作中，老挝作为东盟成员以及湄公河次区域经济合作（Greater Mekong Subregion Cooperation，GMS）国家之一，在与中国的经济合作中几乎未出现过发生摩擦的新闻。在国家层面的经济交往方面，中老关系似乎也不同于中国与其他某些东南亚国家之间的经济关系那样复杂，一直以来鲜有负面报道。中国于 2009 年开始提出的泛亚高铁计划中，中老铁路的建设计划成为了迄今为止进展最为顺利的一环。尽管一再延期，2015 年 12 月初，这一规划多年的中老铁路项目举行了奠基仪式，并且于 2016 年 12 月在老挝的琅勃拉邦省（Luang Prabang）举行了全线开工仪式，至今进展良好。同时，作为东南亚地区中经济较为落后的国家，老挝一直以来都在一定程度上依靠发达国家与国际组织的各类发展援助，而中国则一直以来都给予老挝各种经济援助，包括各类无偿援建与援助性贷款等。近几年来，中国每年提供给老挝的发展援助金额甚至超过了居于老挝最大的官方开发援助（official development assistance，ODA）援助国地位的日本，成为了老挝最大的外援来源国。[1] 另外，在民间经

---

[1] 关于中国官方对老挝的发展援助问题，除本文的随后章节将有较新的情况介绍以外，对于历史上中国援助老挝的研究，目前中国学界的研究文献可参见张开林：《中国对老挝的援助分析》，云南大学硕士学位论文，2008 年 5 月；马竞欧：《冷战后中日对老挝援助的比较研究》，云南大学硕士学位论文，2010 年 5 月；路明生：《中国对老挝援助研究（1960—1965）》，外交学院硕士学位论文，2012 年 5 月。

济交往层面，中国近年来与老挝的贸易额一直稳步增长，特别是中国－东盟自由贸易区于2010年启动后，中国与老挝的双边贸易、中国对老挝的投资以及中国赴老挝的人员数量更是呈现加速增长的态势，中国已成为了老挝的第二大进口来源国、第一大投资来源国以及除东盟国家以外的第一大人员来源国。受到这些积极因素的影响，笔者认为中国在老挝的投资一直保持着积极和正面的经济认知影响。

本书研究的目标是通过国际政治经济学理论层面的研究对于一个经济大国对外输出经济要素影响力所导致的“经济形象”变化进行学术化的研究与测量，同时从政策研究的层面对中国在老挝进一步加深经济交往、实现良性循环的合作共赢提供有益的探讨。

为保证社会科学研究的严谨性与科学性，本书选定了日本与韩国作为参照，将本书的研究问题确定为：中日韩三国在老挝的经济要素与老挝对中日韩的经济形象的认知之间的关联性研究。老挝对中日韩在其国内的各种经济要素投资究竟呈怎样的认知态度？这样的认知是否随中日韩在老挝的经济要素投资变化而发生改变？如果答案是肯定的，那么这种变化究竟是正向的还是负向的？或者经过与老挝对日韩的经济形象的认知进行对比后，是否有可能发现老挝对中国的经济形象的认知与对日韩的经济形象的认知存在差异？而如果存在差异，则如何理解这样的差异？这一组紧密相关的问题，正是本书试图回答的问题。

1.2 研究思路与意义

1.2.1 研究问题的学术内涵与范围

作为国际关系学的一大重要分支，国际政治经济学所研究的问题领域，按吉尔平在《国际关系政治经济学》一书中的论述是“国家和市场的相互作用”，涉及“国家及它的政治作用如何影响经济活动分布”“市场和经济力量如何对国家和其他政治行动主题之间权力与福利的分配施加影响”[1]。与此相似的，斯

[1] ［美］罗伯特·吉尔平：《国际关系政治经济学》，杨宇光等译，上海人民出版社2006年版，第7页。

特兰奇在《国家与市场》一书中，将国际政治经济学定义为“研究影响到全球生产、交换和分配体系，以及这些体系所反映出的价值观念组合的社会、政治和经济安排”[1]。在近三十年国际政治经济学的发展过程中，学者们的研究逐渐深入到国家内部的利益集团或社会层面与国际市场、经济一体化、经济要素跨国流动之间的关系中。这些研究的实质，仍然是上述两位学者所开创性的提出的研究范围，但其研究方法与工具、中观与微观层面的理论构建都有了很大的提升。时至今日，对于国际政治经济学的研究领域定义，依王正毅《国际政治经济学通论》一书中的概括，即“研究国际体系中的经济要素（包括资本、技术、劳动力及信息）的跨国流动对国际体系本身、国家与国家之间的关系，以及国家内部政治结构和过程的影响，反之亦然”[2]。这一定义也正是本书在研究思路上的直接来源。

从国际政治经济学的学科研究范畴的角度来看，笔者在本书中所关注的问题实质上是一国经济要素在向另一国输入的过程中，输入国对于输出国这些要素本身产生的认知与态度及其变化。而输入国对于输出国的这种经济层面的认知或态度的变化，则是输入国的国内经济政策决策乃至其对输出国的经济关系或经济政策发生变化的一个重要的解释变量。或者从另一个角度来理解，以认知作为结果变量，则认知可以被看作是输入国在接受外国经济要素流入的过程中，其国内社会的各种利益相关方（包括政府部门、经济部门及个人）各自的利益在输出国的经济要素（货物、资本、技术、劳动力等）流入的过程中发生了变化而导致的结果。

需要明确的是，“利益”在这里不仅仅指狭义上的经济收入，它可以是输入国的利益相关方直接的经济财富的获益或受损，也可以是要素输出国的人员在具体经济交往活动中的行为给输入国的利益相关方造成的影响，还可以是输入国的利益相关方对于外国经济要素潜在影响本国或本行业经济主权或安全的担忧等。这几种因素都会影响要素输入国的利益相关方对输出国的认知，而这些认知的总和或叠加，亦即要素输出国在该国的“经济形象”，则会一定程度影响该国（特别是针对要素输出国）的对外经济政策。在对这

[1] ［英］苏珊·斯特兰奇：《国家与市场》，杨宇光等译，上海人民出版社2006年版，第13页。

[2] 王正毅：《国际政治经济学通论》，北京大学出版社2010年版，第5页。

一问题进行学术研究时，如果试图从国内社会中的利益相关方（包括政府官僚机构）如何影响该国的对外经济政策形成的过程这一角度入手，则由于信息的可获得性存在困难，因此对于很多研究来说，有时难以进行实证；但外国经济要素的流入对本国各相关经济部门与官僚机构的认知能够产生的影响，则可以通过适当的方法获得可信度较高的信息进行研究。而本书想要尝试的就是从实证的角度找出这种要素跨国流入与要素输入国对其认知之间的变化关系。

1.2.2 研究对象国的选择

从实证分析可操作的角度来说，本书选取老挝作为研究对象，首先，在研究中国与东南亚国家的这种经济交往与东南亚国家对华认知的问题时，最先需要考虑的应该是研究对象国家与中国经济交往的密切程度，即其是否真的具备研究价值。而老挝近年来与中国经济交往的密切程度，如前一节所简要介绍的那样，是具备这样的研究价值的；更遑论老挝作为中国计划中的泛亚高铁的中线出口，且在“一带一路”的中国—中南半岛经济走廊中具有重要地位。因此，对老挝的相关研究，必然是有益且愈发重要的。

其次，在选择研究对象的过程中，也必然需要考虑对象国的经济发展情况。毕竟，选择经济发展过于落后或者经济开放程度较低的国家进行此类研究，将使得研究的结果在重要性上大打折扣。尽管老挝在东盟国家中属于后进国家之一，但老挝自改革开放以来，经济增长与开放程度都是非常显著的。1997—2015 年，老挝的 GDP［按当前美元计，购买力平价 PPP（Purchasing Power Parity）折算］从 79.9 亿美元增长至 387.1 亿美元，年均增长率达到 8.65%，国民总收入 GNI（gross national income）（按当前美元计）从 370 美元增长至 1740 美元，年均增长率为 8.49%，是东盟国家中经济最有活力的国家之一(见图 1.1 和图 1.2)。尽管老挝目前仍面临着贫困率较高、贸易赤字、依靠国际组织与其他国家的政府开发援助（official development assistance，ODA）程度较高等问题，但老挝近几年来一直致力于在 2020 年摆脱最不发达国家（Least－develpped county，LDC）地位并将其确立为国家经济发展的重要目标。事实上，近年来老挝的经济增长速度也证明了这一点。同时，老挝的经济开放程度也在提高。通过设立经济特区、积极吸引外资，老挝与世界其他国家的经济联系愈发密切；同时，老挝也于 2013 年正式加入了

WTO，成为东盟十国中最后一个加入 WTO 的国家。因此，选择老挝是较为合适的。

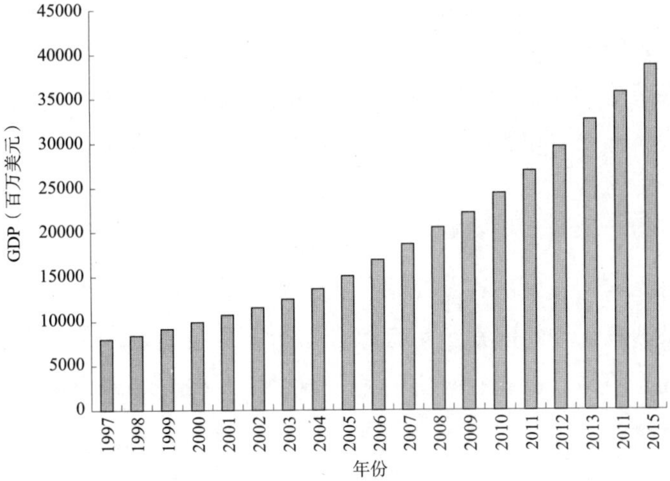

图 1.1　1997—2015 年老挝 GDP 统计（按当前美元计，PPP 折算）

数据来源：http：//databank. worldbank. org，登录时间：2017 年 1 月 30 日。

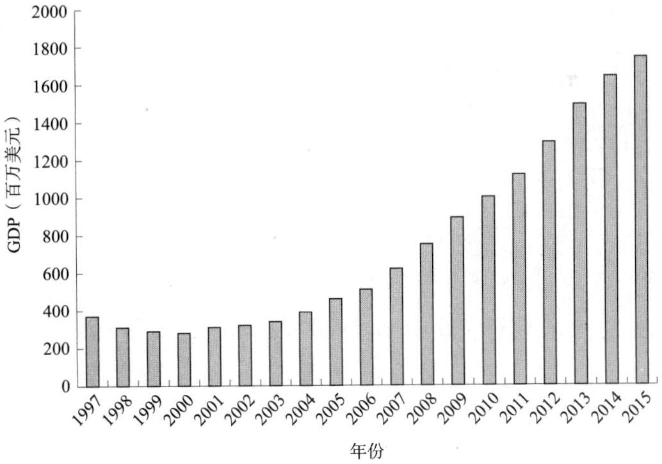

图 1.2　1997—2015 年老挝人均 GNI 统计（按当前美元计）

数据来源：http：//databank. worldbank. org，登录时间：2017 年 1 月 30 日。

最后，老挝的客观情况在东南亚国家中的独特性。老挝在东南亚各国中，与中国在领土等安全问题上不存在争议，也基本没有经济因素以外的政治或安全联盟关系，并且与中国相似的政治体制、意识形态、经济改革、没有与西方国家的安全联盟关系等客观现实，也使得这一研究对象具备了难得的、对于学术研究而言较为中立的表征。

1.2.3 对中国的参照国的选择

如前一节所述，本书内容在设计之初即希望验证某种更加具有普遍意义的理论假设，而不仅仅是针对中国的经济要素输出与经济形象具有某种解释力，因此需要选取其他较为合适的、与老挝同样具有经贸往来的经济体作为参照。在选取作为中国的参照国的思路上，需要考虑两个因素：①该国输入老挝的经济要素的显著性；②控制干扰变量也就是除经济联系以外的影响老挝对其经济形象认知的因素。只有综合平衡这两项因素之后，才能够选择出较为合适的参照国。以老挝官方的公开数据中，在主要进口来源、主要投资来源、发展援助来源、主要入境人员来源的分国别统计情况来进行观察（见表 1.1 至表 1.4）。

表 1.1　2013 年及 2014 年老挝主要进口来源

国家/地区	老挝进口额（千美元）		占总进口百分比（%）	
	2013 年	2014 年	2013 年	2014 年
印度尼西亚	7208	11315	0.22	0.29
马来西亚	8730	6875	0.27	0.17
新加坡	6224	9200	0.19	0.23
泰国	2182895	2754164	66.31	69.55
越南	288849	375465	8.77	9.48
澳大利亚	15507	15353	0.47	0.39
中国	511213	537706	15.53	13.58
欧盟	37460	36628	1.14	0.92
印度	14274	17655	0.43	0.45
日本	94833	79442	2.88	2.01
韩国	91188	76753	2.77	1.94
美国	9869	14017	0.30	0.35
其他国家	18412	21440	0.56	0.54
共计	3292039	3960170	100.00	100.00

数据来源：http：//www.lsb.gov.la/en/Foreign%20trade14.php。

表 1.2　老挝 1989—2015 年主要投资来源

排名（按项目数量）	国家/地区	投资项目数量	金额（美元）
1	中国	834	5484429971
2	泰国	748	4491684613
3	越南	417	3574681539
4	韩国	291	751072139
5	法国	223	490626243
6	美国	114	149800113
7	马来西亚	103	812558773
8	日本	102	438267441
9	澳大利亚	87	127652812
10	新加坡	79	187761475
11	中国台湾	73	86663554
12	英国	54	201863480
13	香港	49	83547259
14	加拿大	40	65791144
15	德国	31	7833128
16	俄罗斯	24	38459130
17	印度	22	163772237
18	荷兰	16	434466484
19	瑞典	15	19019558

数据来源：http：//investlaos. gov. la/index. php/resources/statistics。

表 1. 3　2008 年及 2009 年老挝发展援助来源

（不计国际组织）及金额　　单位：百万美元

ODA 来源国	2008 年			2009 年		
	无偿援助项目金额	援助贷款项目金额	总额	无偿援助项目金额	援助贷款项目金额	总额
澳大利亚	18. 29	—	18. 29	18. 29	—	18. 29
日本	63. 17	—	63. 17	64. 06	—	64. 06
新西兰	1. 93	—	1. 93	2. 27	—	2. 27
泰国	20. 80	14. 21	35. 01	18. 04	1. 31	19. 35
韩国	11. 08	18. 32	29. 40	10. 00	18. 32	28. 32

续表

ODA来源国	2008年			2009年		
	无偿援助项目金额	援助贷款项目金额	总额	无偿援助项目金额	援助贷款项目金额	总额
越南	23.34	—	23.34	23.34	—	23.34
中国	11.63	34.93	46.56	11.63	34.93	46.56
法国	12.90	—	12.9	8.20	—	8.20
比利时	0.79	—	0.79	—	—	0.00
卢森堡	8.71	—	8.71	8.88	—	8.88
德国	25.24	—	25.24	7.02	—	7.02
瑞典	15.12	—	15.12	7.84	—	7.84
挪威	2.54	0.52	3.06	1.95	0.52	2.47
芬兰	2.40	—	2.40	3.20	—	3.20
瑞士	10.02	—	10.02	2.55	—	2.55
总计	227.96	67.98	295.94	187.27	55.08	242.35

数据来源：老挝计划与投资部内部数据。

注：老挝关于ODA的分国别统计排名情况，在此仅列出2008年、2009年的数据，而中日韩在之后年份的数据将在本书第3章呈现。

表1.4　2013—2015年老挝主要入境人员来源

国家	2013年		2014年		2015年	
	人数（人）	占比（%）	人数（人）	占比（%）	人数（人）	占比（%）
泰国	2059434	54.49	2043761	49.14	2321352	49.55
越南	910164	24.08	1108332	26.65	1187954	25.36
中国	245033	6.48	422440	10.16	511436	10.92
韩国	81799	2.16	96085	2.31	165328	3.53
日本	48644	1.29	44877	1.08	43826	0.94
法国	52411	1.39	52146	1.25	55151	1.18
美国	61608	1.63	61460	1.48	63058	1.35
英国	41741	1.10	39061	0.94	41508	0.89

数据来源：访谈世界银行老挝办事处获得，访谈时间：2016年11月22日。

通过表1.1至表1.4可知近年来向老挝提供经济要素的主要经济伙伴国家排名情况。实际上，以对老挝的经济影响的显著性来看，可供选择作为中国的参照国的国家（地区）不仅仅是日本和韩国。在综合考虑上述四项经济要素（对老挝出口、投资、ODA 以及进入老挝的人员数量）之后，可以发现泰国、越南、美国、法国在老挝的经济要素的显著程度也非常强，尤其是泰国对老挝的出口额以及人员流入数量是所有国家中最多的。但是，本书意图构建的知识是经济要素的跨国流动对于一个经济体在其经济伙伴国中的“大国经济形象”的影响变化，而非大而化之的整体性“大国形象”研究，因此必须在要素输入国对输入国的“经济形象的认知”以外的因素方面详加考虑。笔者在仔细比较后，发现日本与韩国在本书中更为合适。

与老挝基本没有历史与现实国际政治问题的韩国，自老挝改革开放后，对老挝的贸易与投资一直稳步发展，KOLAO 汽车、印度支那银行（Indochina Bank）等企业在老挝长期经营，韩国产品在老挝的受欢迎程度也较高。同时，韩国长期以来在老挝的旅游业较为发达，赴老挝游客较多，因此在老挝随处可见韩国的旅游服务机构；韩国也是东北亚各国中唯一与老挝有首都到首都直达定期航班的国家。此外，尽管最近几年金额有所下降，但韩国仍是老挝主要的 ODA 来源国之一。因此，选择韩国作为中国的参照国非常合适。选取日本的原因也与选取韩国类似。日本产品在老挝广受欢迎，投资数额也较为显著，且日本在老挝投资的历史相对较长。在发展援助方面，日本长期以来一直是老挝最大的 ODA 来源国，直至 2013 年才被中国超越。在老挝对其经济形象的认知的干扰变量方面，日本也与韩国类似，对老挝既无现实的国际政治问题，也无联盟关系。

1.2.4 研究的操作性

本书力图构建的知识，即经济要素的输入国对于经济要素输出国的认知变化的相关性，在厘清因果逻辑关联并合理选择研究对象国之后，对问题进行科学的、可操作化的设计。

在原因变量的可操作化的确定上，经过反复平衡对干扰变量的剥离及确保数据的可获得性，最终将原因变量明确地限定为“经济要素输出国在老挝的经济要素存在”，即中日韩三方各自在老挝的出口额、投资、发展援助及人员流入。这样的要素选择，可以使在保证获得精确数据资料的同时，构建出对于原因变量最为恰当与准确的定义。

在结果变量的可操作化上，采用了广泛发放问卷与直接进行当面访谈相结合的方式，在访谈问题的设计上也尽最大可能做到精准，以使其与原因变量覆盖的问题范围相匹配。笔者在访谈中，并非简单而宽泛地向受访对象询问“对经济要素输出国的认知与评价”，而是在问题的叙述中，明确说明希望受访对象所考虑的“认知”是限定在“对中日韩三国在老挝的经济要素，即其对老挝的出口、投资、发展援助、人员流入的认知与评价”，要求受访人在这一限定范围内对问题做出回答。同时，为了进一步剥离与经济要素流入无关的变量对老挝受访人认知的干扰，将受访对象定位于两个群体：一是老挝本国企业的高层管理人员或所有者，问卷以公司为单位，这样比以民众个人为单位的访谈结果在回答问题的质量上和干扰变量的排除上效果要好得多；二是老挝中央政府的各个与经济事务直接相关的各级领导，问卷以个人为单位。笔者的问卷内容不仅请求受访人对于中日韩在老挝的上述经济要素情况的正面与负面认知进行开放性的评述，而且请求其对中日韩在老挝的经济要素自 2008—2015 年进行逐年评分。这样的目的在于使尽可能准确地获得老挝对中日韩的经济形象的认知的静态与动态情况，并使能够将其与原因变量的数据匹配，分析出中日韩在老挝经济要素的存量及增量对于老挝认知的影响，使此次研究更加具有价值。

在研究的时间跨度选择上，之所以选择 2008 年为起始时间，第一，由于人的认知存在局限性，记忆的追溯不可能太过久远和准确，因此以 8 年为限已经是较为理想的范围。第二，2008 年也是中国举办奥运会的时间，世界各国包括老挝在内，对于中国的印象与认知都是从 2008 年北京奥运会开始加深的。第三，由于考虑到问卷调查的问题长度直接影响受访人接受访谈的意愿，以及其回答的信度与质量，因此问卷提问的时间跨度不宜过长。第四，也是最为重要的原因是，受到老挝发展水平的制约，经济统计数据不甚完整，很多 2008 年之前的数据难以获取或不完整，如投资的细化数据等，较远的年份数据缺失较多；因此在选择研究时间跨度的过程中，必须兼顾数据的获取情况。综合上述几个因素，笔者在 2016 年开展此次研究时，决定将 2008—2015 年作为分析的时间跨度。

1.2.5 研究的意义

如前文所述，中国和老挝的经济关系作为国际关系与国际政治经济学中较为难得的研究样本，为中国的对外经济合作的相关研究提供了一个极具可信度的国别研究范例。在政策研究的层面，通过进行老挝对华经济形象的认知的实证研究，特别是如本书所采用的直接调研访谈获取一手资料的方式，可以较为可信地检视出中国在增加对老挝的经济要素输出的过程中，可能为中国和老挝关系带来的积极影响与消极影响，从而优化中国今后在与东南亚类似国家的经济交往中采取的策略与具体实施手段，也为“一带一路”倡议的继续推进贡献有价值的研究成果。这其中，就中老铁路为话题对老挝政府官员的访谈是最为珍贵的成果之一，在某种程度上为学术研究填补了一个空白。

除政策研究的意义以外，本书其实还有更深层次的理论考量。通过选取三个东北亚经济相对发达的国家，研究其在经济相对落后国家的经济要素存在，将其与后者对其认知进行关联，本书从理论研究的角度，试图发现的是一个中观层面的较具普遍性的规律。通过提炼出符合社会科学规范的研究问题，建立假设并进行实证，最后对实证结果辅以逻辑上的分析说明，本书期望获得的结果之一，是经济相对落后国家（老挝）对相对发达国家（中日韩）的经济形象的认知是否具有某种程度上的共性。如果老挝对于中日韩三个国家的认知都在动态层面存在着相同的变化趋势，则某种程度上可以证明，落后国家对于来自发达国家的经济要素的认知是存在一致性规律的。如果落后国家的这种认知普遍具有随外国经济要素流入的增长而趋于正面的趋势，则可以初步认为，有一种“经济形象正向认知”规律存在的可能；反之，则有可能存在着类似国际政治研究中的“威胁认知”概念的“经济形象威胁认知”的规律。最后，如果假设验证的结果是老挝对中国的认知与对日韩的认知在变化趋势上不同，则本书也将试图解释为何会出现这种趋势差异；当然，这样会使得本书的政策研究意义大于理论研究意义。即使如此，本书在国际政治经济学的研究范畴中，对于中国与经济后进国家之间经济交往的研究也是不无裨益的。

1.3 既有相关研究文献情况

关于老挝对中国经济影响力增长的态度或认知的研究，目前中文相关文献不多。但是通过各类较权威的学术数据库对中国与老挝的国际关系、国际政治经济学及国际经济学研究进行检索，可大体展示出中国的老挝问题研究情况。以较为权威的中国知网检索为例，至本书接近完成时的2017年6月，以“老挝”为关键词，过滤掉新闻报道类文章，检索期刊论文类文章，在“中国政治与国际政治”分类中，检索结果为50篇，在“经济与管理科学”分类中，检索结果为106篇，相关研究并不能算丰富。但在发表时间上，近三年关于老挝研究的文章有增多趋势，说明自“一带一路”倡议提出以来，老挝作为沿线国家开始逐渐受到学术界的重视❶。

在国际关系类的研究老挝的文章中，方芸所著的《老挝全方位外交政策与老中关系》被引用较多。该文回顾总结了老挝1975年建国后的全方位外交政策的逐步实行，从冷战时期对越南与苏联的“一边倒”外交到向周边不同体制国家、区域内大国直至美国全面发展外交关系的历程，并详细论述了老中关系从两党的革命同志关系到20世纪70年代末老挝受中越关系影响，对华关系经历短暂低谷期，直至与中国逐步发展外交，最终于2009年与中国成为“战略合作伙伴关系”的发展过程❷。在国际经济类的研究中，郑一省与王建坤在《老挝经济发展及其与中国的经贸合作》一文中，回顾了老挝与中国整体经贸关系发展的历程，并提出了中老经贸合作中存在贸易结构不平衡、投资结构也需要调整的问题，同时也简要提到了双方人员都有向对方国家偷渡的情况，以及中国出口老挝的产品质量低劣的问题❸，这与笔者的访谈与问卷获取的信息非常吻合。张建中在《新形势下中国与老挝双边贸易关系研究》一文中，特别关注了中老双边贸易中的贸易结构问题及老挝对华贸易政策的问题，尤其是贸易便利化与技术性壁垒的问题。当然这一问题随着老挝

---

❶ 检索来源为中国知网 http：//kns. cnki. net/，检索时间为2017年1月30日。

❷ 方芸：《老挝全方位外交政策与老中关系》，《东南亚南亚研究》，2011年第2期。

❸ 郑一省、王建坤：《老挝经济发展及其与中国的经贸合作》，《亚太经济》，2012年第5期。

正式加入WTO逐渐得到解决，而该文发表之时，老挝尚未正式签署WTO议定书。该文还提到老挝与中国的资源与技术、市场与资本等的优势互补❶。王怀豫等在《经济论坛》期刊发表的《中国与老挝经贸关系的可持续性研究》中，大量应用了计量经济学的分析工具，通过计算中老贸易结合度与贸易特化系数，得出了中老贸易的结合度逐年上升、产业间贸易互补性较强的结论。同时，该文还在中国对老挝的投资数据极度匮乏的客观条件下，分析梳理了中国在老挝投资的行业情况❷。秦磊在《中国对外直接投资对GMS东道国影响分析——以越南、柬埔寨、老挝为例》一文中，也有关于老挝的有价值的研究；该文在分析中国对老挝投资的影响的部分，较为详细地介绍了中国五矿集团投资老挝的色奔（Sepone）铜金矿项目，并提到了该项目与老挝本地企业关联度不高的情况❸。

同时，在学术界对于老挝的研究中，随着近年来老挝来华留学生的增加，他们在中国发表的期刊论文，以及他们的学位论文也应受到重视，笔者在其中发现大量有价值的关于老挝的资料；而且这些老挝留学生的观点，一定程度上即代表了老挝本国对于中老关系、中老经济合作的观点。例如，黑龙江大学老挝留学生的学位论文《试论老挝对华政策变化对老中经贸关系发展的影响》，通过梳理老挝1975年以来对华外交政策的变化阶段，以及两国经贸关系随之发生的变化，得出了中老之间外交关系的发展促进了两国经贸关系的结论。该文的最后部分，列举了中老经贸合作中存在的问题，特别提到了中国劳工的非法移民问题、中国产品的质量问题、中国企业的诚信问题。东华大学老挝留学生的学位论文《中国直接投资老挝的动因和经济效应研究》，详细分析了中国对老挝FDI的动因，介绍了中国对老挝FDI的情况，并对从1990—2008年以来中国对老挝FDI与老挝实际经济增长进行了回归分析，得出中国FDI对于老挝经济增长具有正面效应的结论。显而易见，这些观点都是符合中老两国经济交往的现实的，而本书力图获得的结果也正是从总体上

---

❶ 张建中：《新形势下中国与老挝双边贸易关系研究》，《东南亚纵横》，2012年第1期。

❷ 王怀豫、方丽莎、胡瑞法：《中国与老挝经贸关系的可持续性研究》，《经济论坛》，2014年第10期。

❸ 秦磊：《中国对外直接投资对GMS东道国影响分析——以越南、柬埔寨、老挝为例》，《学术探索》，2011年第4期。

考察老挝政商两界的类似观点中究竟哪一种更为显著。

英文文献方面，老挝学者西文哲奥拉布（Syviengxay Oraboune）近年来发表了很多对于老挝与东北亚国家之间经济交往的研究著作。其在 2010 年发表的关于老挝与中日韩经济合作的研究中，详细介绍并对比了中日韩三国在老挝的投资、ODA 援助及对老挝的贸易情况。该文提到，自从老挝的第六个五年计划（2006—2010 年）实施以来，中韩对老挝的投资有了显著增长，中日韩三国出口老挝的产品也显著增加；从出口至老挝的产品种类来看，其与中日韩在老挝的投资项目密切相关，多为机械产品。ODA 方面，在该文所研究的时间范围（2000—2008 年），日本仍是老挝最大的 ODA 来源国，但同时，中国给予老挝的 ODA 尽管数额有波动，但呈现增长态势。在中日韩投入老挝的投资项目分布上，中国由于与老挝北部三省接壤，因此对老挝北部贫困地区的投资较多，一定程度上有助于这些地区的社会经济发展与基础建设。日本的商业投资则更多存在于老挝基础设施较好的城市地区，这是由于日本投资者的投资考察与规划较为审慎。韩国的商业投资则城乡兼顾。作者特别提到了韩国在老挝的两家银行：印度支那银行及博扬银行（Booyoung Bank），认为这两家银行的设立将会为韩国今后在老挝投资的增长带来促进作用。[1]在该作者的另一项关于中日两国与老挝的社会经济发展的研究中，除对中日两国在老挝的经济要素存在情况进行梳理与对比以外，还对老挝北部省区社会经济发展与中国的贸易投资因素进行了访谈调查，提到在北部的琅南塔省（Luang Namtha），中国的经济存在促进了当地学生继续升学以获得与中国的贸易、投资相关的工作机会的意愿。同时，该文也提到了对老挝该省的出入境官员与民众的访谈[2]。

同时，西方学者也对本书所关注的问题发表过类似的研究，如霍迪

---

[1] Syviengxay Oraboune，“Lao PDR and its North East Asian Development Partners：China，Japan and Korea”，*Japan and Korea with the Mekong River Basin Countries*，edited by Mitsuhiro Kagami，BRC Research Report No. 3，Bangkok Research Center，2010. https：//www. researchgate. net/publication/268205399_Lao_PDR_and_its_North_East_Asian_Development_Partners_China_Japan_and_Korea。

[2] Syviengxay Oraboune，“Lao PDR and its Development Partners in East Asia (China and Japan)”，*A China – Japan Comparison of Economic Relationships with the Mekong River Basin Countries*，edited by Mitsuhiro Kagami，BRC Research Report No. 1，Chapter：5，Bangkok Research Center，2009. https：//www. researchgate. net/publication/313106499_Lao_PDR_and_its_Development_Partners _in_East_Asia_China_and_Japan。

(Stephen Frost) 曾于2006年对中国在东南亚地区的投资及其政治经济影响进行过实证性的研究。该文较为详细地陈述了中国在东南亚尤其是泰国、新加坡、越南、柬埔寨、老挝及缅甸的投资情况（数据及调查截至2003年左右），总结出中国在这些地区的投资增长情况，以及投资主体为国有企业的事实。该文的着眼点在于论述中资企业注资当时尚未进行民主改革的缅甸，对于国际社会当时尚在对缅甸军政府进行的制裁可能带来的削弱作用，以及对于中资机构在东南亚是否配合遵照国际劳工标准表示担忧。另外，该文距今已逾十年，数据已经过时，尤其是对于中国投资老挝的部分，当时中国在老挝投资额较低，较今天中国业已成为老挝第一外资来源国的情形差异巨大。但此文对于笔者的研究具有一定的启示作用：其在研究方法中除引用当时现有的东南亚国家政府官员的公开言论以外，也对各研究对象国的企业界对华投资增长的态度进行了访谈以及梳理。以对泰国及缅甸的民众的访谈为例，当地民众对于中资的爆炸式增长的担忧态度，与笔者近年来在老挝所观察的一些结果存在相似性[1]。

上述的这些既有研究成果，尽管与本书的内容并不完全相同，但对本书在内容与研究手段的规划设计上提供了很多参考。此外，通过对这些研究成果的研读，可以发现，中国在老挝的经济要素的增加，从老挝对其认知的角度看，同时存在着正向与负向两种对认知的影响，但究竟哪一种更显著，则需要进一步的实证研究。因此，本书从更加全面的角度来测量老挝对中国的经济要素的认知趋势。

1.4 研究方法、创新与难点

一项社会科学的研究，除了选定恰当的研究对象、确定可操作化的原因变量与结果变量、尽力排除干扰变量、找出因果关联上的逻辑解释以外，更要对研究的方法进行合理的设计，并保证该研究方法的切实可行。本书在方法上，采取了社会科学研究较为经典的直接调研与访谈加数据分析与文本分

---

[1] Stephen Frost, "Chinese outward direct investment in Southeast Asia: how big are the flows and what does it mean for the region?", *The Pacific* Review, 2004.

析的方法，对中日韩在老挝的经济要素存在与老挝对这些要素的认知情况进行了实证性的研究。同时，本书也采用了文献研究的方法，通过对现有资料文献的尽可能详细与全面的收集与整理，并将其作为一手资料的有益补充，从而与基于一手资料的实证分析结果一道，对本书所关注的问题进行了较为完整的勾勒。

本书的创新之处，首先，在于获取信息的深度与广度。多年来，笔者对老挝的商界与经济决策部门进行广泛的访谈与问卷调研，并从政府相关部门获得统计数据与信息。笔者除借助老挝外贸银行遍布老挝全国的营业网络向老挝全国各地的本国大小企业发放大量问卷之外，也亲自走访了很多地区，包括很多之前未曾到访的省份，历时数月，行程3000余千米，进一步加深了对中国在老挝较为偏远地区的经济要素（主要是人员、投资以及商品）存在情况的观察，以及老挝当地民众对这些经济要素的评价。同时，笔者亲自访谈并结合问卷调查，对老挝中央政府的各个经济决策相关部门包括部级主要领导在内的各级官员，以及数个总部位于万象省（Vientiane）的老挝大型企业的主管领导进行了访谈。最终，本书获得了来自老挝各地除阿速坡省（Attapu）、华潘省、赛宋本省（Xaisomboun）以外的15个省份的针对本国企业的共计174份有效问卷[1]，以及老挝工商业部、计划与投资部、邮政与电信部、公共工程与交通部、中央银行、总理办公厅、中央直属的经济政策参谋机构等与经济决策直接相关的政府部门的44份有效问卷，最大程度保证了本书的研究质量与创新性。

其次，在研究方法上，本书采取了国际政治经济学较为经典的方法，将经济形象的认知概念进行计量化操作，并与经济数据进行计量回归分析。诚

---

[1] 对于上述三个未能获得调研资料的省份，根据笔者从老挝中央计划与投资部获得的数据显示，自2008年起，中国在阿速坡省共有9个投资项目，在华潘省有10个投资项目，赛宋本省目前没有项目记录（但中国的新闻报道中提到中国在赛宋本省有一个大型水电站项目，中国驻老挝大使曾于2016年到该工地视察；从老挝计划与投资部给予的信息中找到了该项目的信息，但显示项目所在地为万象省，也许和赛宋本省一度撤销后又恢复导致该部委在统计分类时有差异有关），中国的经济要素在这三个省份中，较大规模的项目有阿速坡省一个水电站项目以及华潘省一个矿业项目。在进行调研的过程中，尽了最大努力试图对这些地区进行访谈，但由于各种客观原因，最终不得不放弃了直接调研的计划；笔者随后又试图借助老挝外贸银行（Banque Pour Le Commerce Exterieur Lao Public，BCEL）在上述三省的营业网点进行问卷发放，但BCEL同样由于上述类似的困难，发放的问卷未能收回，因此本研究的访谈最终未能覆盖老挝全部省区。

然，国际关系学与新闻传媒学近年来对于中国在海外的国家形象研究，与本书有类似之处。但是不同于现有的中国国家形象研究的方法，本书在数据与分析的科学化上向前更近了一步。现有的中国国家形象研究，通常采用的结果变量是直接以美国皮尤研究中心近年来对于中国在世界各国的支持度调查作为数据来源，或者通过他国的调查机构以对受访国向个人发放调查问卷，进行随机抽样，获取受访国对中国的好感度为数据来源，这样调查的实际是一个综合性的认知调查，包含国际政治、安全、经济交往、文化等多方面的影响因素；在此基础上，有些此类研究会将多种经济相关数据作为原因变量放入回归模型进行多元回归分析，再剔除相关性较低、置信度较低的原因变量，保留相关性较高的变量并试图进行逻辑上的解释❶。而本书则直接从经济要素—经济形象的认知这一对变量入手，本着从问卷调查的初始就力图排除经济因素以外的变量的原则，对受访企业和政府经济部门领导进行限定性极强的调研，原因变量的选取也是从受访对象的角度来说，最为相关也最为直观的方面；对于数据分析的结果，并非简单地进行逻辑上的猜测性解释，而是直接用每一位评分者在问卷中对中日韩经济要素的开放性评述（或直接访谈）来进行实证性的解释。

由于老挝政府部门的数据统计不足与滞后性，中日韩对老挝的发展援助方面，笔者仅获得了2008年与2009年两年的国别分类汇总数据，而之后年份的数据只有中日韩三国每年对老挝的援助数额，因此无法对中日韩在老挝的ODA与老挝接受ODA的总量的比例进行研究。与此类似的，在人员流入的统计数据方面，原计划对中日韩进入老挝的人员进行签证种类的细分，将工作签证等长期签证持有者与游客进行分别计算，按不同的算法放入回归模型之中，但因该国目前的统计资料中，外籍人员在入境时只按人数计算，并不再分别统计签证类型。笔者又试图从其他渠道向负责签证管理的老挝外交部相关部门寻求数据，但由于人际关系资源有限，最终未能得到该数据。因此，本书只能将中日韩进入老挝的人员统一按照单一类别计算。

---

❶ 对于中国国家形象的实证性研究，可参见中国外文局发布的历年《中国国家形象全球调查报告》；在回归分析应用于中国在经济交往国家中的认知问题研究中，近年来也有一些学位论文采用了此种方法，但由于条件所限，所采用的认知评分基本上是直接使用皮尤研究中心的中国支持度调查，并未针对研究对象国的对华经济因素认知专门进行数据收集。

在问卷的可信度及质量方面，力争做到最大的努力，但问卷在发放与整理的过程中，由于老挝发展水平的客观限制，仍然遇到了很多困难。而且，由于本书的结果变量是“认知”这一心理层的活动，如对其进行计量化处理，势必会有失真的情况出现；况且让受访者对过去 8 年中日韩的经济形象的认知进行逐年评分，本身就有记忆不准的可能性。但本书所获取的这些评分至少提供了一个极为可靠的趋势性的信息，即老挝对这三个经济交往国家的经济印象究竟是日趋正面还是日趋负面；在衡量一国对另一国的认知变化的研究中，这样的信息的价值不言自明。

1.5 基本结构与章节安排

本书的章节结构分为绪论、正文、结论与启示等共计 6 章。第 1 章绪论如前文所及，是对本书研究问题的提出、研究的思路、该问题对于理论研究及中国一带一路背景下的现实意义进行叙述，回顾并梳理这一问题研究现有的学术成果，以及介绍本书所采取的研究方法。

第 2 章对本书所应用的理论分析框架进行归纳。首先，介绍了国际政治经济学中有关跨国贸易与投资的理论，以及对人员（劳动力）的跨国流动、国家间的发展援助等问题的相关现有理论成果；其次，由于本书对于结果变量的测量基于对研究对象国老挝的商界与政府相关决策部门领导的访谈与问卷，而此种研究方法与“认知”这一概念息息相关，因此将相应归纳与总结国际关系学中现有的关于政治心理学等相关的认知理论。这两方面的现有理论将为本书的分析框架制定基础。最后，本章第 2 ~ 3 节将构建起一个专门应用于本书的理论分析框架，讨论本书试图厘清的“本国对外国经济要素存在的认知”这一概念及其受外国经济要素的影响所可能发生的正向及负向变化，并相应提出本书试图检验的几种假设，即中日韩在老挝的经济要素存在导致了老挝对中日韩的经济形象的认知究竟呈何种变化。

第 3 章详细介绍了中日韩三国在老挝的经济要素存在情况。首先，将明确本书中设定的原因变量即“经济要素存在”这一概念的定义，即输出国（中日韩）对目的地国（老挝）的出口、投资、发展援助、人员流入的总和，并简要地对其进行进一步说明。随后，笔者通过世界银行老挝办事处、老挝中央计划与投资部等处获取的珍贵资料，以及联合国、东盟等国际组织与各国总结的公开资料，分别介绍中日韩三国在老挝的经济要素存在情况，对此三国在老挝的贸易、投资、发展援助、人员流动等分布情况进行整理，并对此三国在老挝的上述经济要素存在情况进行比较。

第 4 章将对本书拟定的原因变量与结果变量进行实证分析。首先，将对本书的结果变量，即经济要素输入国（老挝）对输出国（中日韩）的“经济要素存在”的“认知”这一概念的界定进行明确，并对其测量方法进行阐述。随后，将老挝对中日韩的经济形象的认知进行静态分析，勾勒出老挝对于中日韩的经济要素在总体上的认知情况。也将建立一个较为简洁的量化模型，应用统计分析软件对 2008—2015 年中日韩在老挝的经济要素与问卷中对这三个国家的经济形象的认知的评分进行回归分析，以比较老挝对三个输出国的认知在存量层（静态）和增量层（动态）的情况，以及原因变量包含的各要素中，各自对于结果变量“认知”及其变化的影响程度。不仅横向比对中日韩三个国家的三组分析（中国经济要素存在—老挝对华认知、日本经济要素存在—老挝对日认知、韩国经济要素存在—老挝对韩认知）的异同，同时也比对老挝的企业与政府对中日韩这三个国家的经济要素的认知的异同，从而全面地找出这些因果变化趋势的共性与差异，以验证本书所提出的几种假设。

第 5 章依托本次研究所获得的逾 200 份珍贵的一手访谈记录，将老挝对中日韩三国的经济形象的认知进行进一步的文本分析。首先，基于所有问卷中对中日韩经济要素的开放性评述的翻译、研读、信度交叉检验，以及对文本分析的类目编码进行确定，再使用该编码进行文本分析。对于老挝企业商界的评述文本，将对其整体以及按行业与省份划分进行分析作为第 4 章数据分析的进一步解释。对于老挝政府官员的访谈结果，本章力图全方位地呈现，在详述这些受访领导对于中国在老挝经济要素存在的好评与不足的同时，也将通过文本分析解释或印证在计量实证分析中所发现的问题，如老挝政界与商界对于中国的经济形象的认知出现差异的原因。同时，本章也全面呈现并分析老挝政界受访人对于中老铁路项目的观感评价，从而为较为全面与真实地了解老挝的经济决策部门对于这一“老挝史上最大工程”的真实态度提供了迄今为止最为可靠的一手资料。

第6章基于之前章节的分析与梳理，总结本书的成果及其对于中国在老挝的经济合作的启示，包括从研究中日韩与老挝在经济合作中的积极与消极问题，以及从东盟的视角思考老挝的对外经济合作所获得的启示，并对中国在老挝继续推动经济合作提供具有针对性的观点，包括继续巩固并扩大现有的优势项目、修正业已造成问题的一些做法，以及应该潜心借鉴学习日本与韩国的一些做法。最后，也将回顾本书的方法、重点、难点与研究成果，并思考今后进行进一步研究的方向。对中国在老挝的经济要素存在进行学术研究与经验总结，其学术研究与政策研究层面的意义将不会仅限于老挝一个国家；中国在其他经济交往国家的经济要素存在或经济合作的工作中，也极有可能遇到或将会遇到与在老挝相似的问题，因而笔者相信本书对于中国与经济后进国家的经济交往工作具有较一般性的参考价值。

第2章　经济形象的构成基础：经济要素跨国流动与认知的相关理论

本书所聚焦的中日韩三个经济大国在老挝的经济形象认知问题，其实质即是对“外国的经济要素”与“本国对其认知”之间的因果联系的分析。这涉及两方面的概念；一是经济要素的跨国流动；二是经济要素的输入国对这些来自外国的经济要素的认知态度。因此，在建立适用于本书的理论分析框架的过程中，必须先基于国际关系与国际政治经济学对这两个问题的现有理论成果。在本章中，将试图归纳总结国际政治经济学中，与本书所关注的经济要素（产品、投资、发展援助、人员等）的跨国流动有关的理论，以及国际关系学中关于认知的相关理论，并在此基础上，提出一个适合于本书的分析框架，作为随后章节的研究分析的基础。

2.1　经济要素跨国流动相关理论

在国际政治经济学中，经济要素的跨国流动是最为重要的研究主题之一。该学科的各种理论流派，无一例外地都对这一主题进行过重要论证。而这些理论流派，其实都是源自三种学术意识形态，即保守主义（现实主义）的意识形态、自由主义的意识形态及马克思主义的意识形态。三种意识形态的区别，按《国际政治经济学通论》一书的总结，即在于如何理解资本主义世界经济中存在的核心区—边缘区的结构[1]。就本书所关注的问题而言，其实也可以看到，这三种不同的认识资本主义世界经济的观念，反映到国际政治经济学的各个理论流派中，其实质就是“如何看待经济要素从经济先进国家向

[1] 王正毅：《国际政治经济学通论》，北京大学出版社2010年版，第44－46页。

后进国家流动”这一现象。从自由主义出发的理论流派，会从比较优势、劳动分工的角度，将经济要素的跨国流动看作是不同国家的要素禀赋不同而造成的结果。而源于马克思主义视角的理论流派则强调在资本主义世界经济结构下的经济要素跨国流动是不平等的，存在着“依附”与“剥削”的问题。保守主义（现实主义）的理论流派则从“功能”的角度看待这一问题，认为是不同国家的战略导致“核心区”（经济先进国家）与“边缘区”（后进国家）的分别❶。本节分别回顾并梳理三种学术意识形态对于国际贸易、国际投资、发展援助、人员流动这四项经济要素跨国流动形式的相关理论。

2.1.1 国际贸易的相关理论

作为历史最为悠久的经济要素跨国流动形式，国际贸易始终是经济学与政治经济学研究的主要问题之一。对于国际贸易的 IPE 理论，也可以按照三种学术意识形态的划分法进行分类。自由主义的国际贸易理论，一般都以亚当·斯密，以及大卫·李嘉图在 18 世纪、19 世纪所构建的“绝对优势”以及“比较优势”理论为思想渊源。这一理论流派强调自由市场的意义，认为每个国家根据自身的要素禀赋生产最具有比较优势的产品并进行国际贸易，即是最符合自身利益的做法；自由贸易与市场的开放是有益于国家经济发展的。自由主义的国际贸易理论发展到今天，最具代表性的应属 H—O 模型。根据该模型所构建的分析框架，可以认为一个国家在进行国际贸易中的最优做法是将自己相对充足的生产要素（资本、技术、或劳动力）进行最优化的组合，而该国基于自身要素禀赋进行的最优组合反映到其国际贸易交换中，则最为有益于该国获取经济利益；对于本国所进口的产品，只要生产该产品所需要的要素禀赋组合的成本高于直接进口的价格，或本国的现有要素禀赋无法生产该类产品，则进口该类产品就是有益于本国总体经济福利的。按照吉尔平《国际关系政治经济学》一书中的说法，H—O 模型“是 20 世纪 80 年代自由派的标准观点”❷。同时，自由主义的国际贸易理论也认识到了国家规模的大小对于该国在自由的国际贸易中获益的差异。皮尔逊与巴亚斯里安

---

❶ 王正毅：《国际政治经济学通论》，北京大学出版社 2010 年版，第 46 页。

❷ ［美］罗伯特·吉尔平：《国际关系政治经济学》，上海人民出版社 2006 年版，第 163 页。

在《国际政治经济学：全球体系中的冲突与合作》中总结道，在国际贸易中，“一国的规模越小，从开放贸易中获益就越大，因为源自贸易的国民收入的份额在寻求更大国外市场的较小的国家中可能更大”[1]。

来源于保守主义（现实主义）的国际贸易理论则认为，完全的自由贸易并不一定总是有利于国家的经济发展。按吉尔平的解释，“经济民族主义者强调特殊社会集团和国家所承受的贸易代价”，他们更加关注“自由贸易对经济发展的影响和国际分工”，同时也如同国际政治的现实主义理论一样，更关注国家从贸易中获得的相对收益而不是绝对收益[2]。这些理论通常认为，各个国家由于技术水平的差异，所能够生产并进行国际贸易交换的产品存在等级上的差异；由于经济先进国家向后进国家输入的产品特别是工业制成品会冲击或压制后进国家的新兴产业，抑制后者的工业实力发展，而工业实力在现代世界中又与国家安全息息相关，制造业能力不足的国家在潜在的国家间的安全冲突中，必然处于劣势，因此一定程度上的产业政策与贸易保护是有必要的，这有益于本国工业制造业的发展。

从马克思主义角度出发的依附理论则认为，世界财富的分布是不平等的，而贸易结构则是这种不平等的具体体现之一。一般的情况下，经济后进国家向经济先进国家的出口是以农产品和矿产品、原材料为主，进口的产品则是附加值较高的工业技术制成品，这样的贸易结构对于后进国家是不公平的，而且会在资本主义世界经济中使后进国家始终落后于先进国家[3]。因此，如何打破这种不公平，改善后进国家的贸易条件，成为依附理论关注的问题。例如，普雷维什在《我的发展思想的五个阶段》中提出，“由有节制、有选择的保护政策刺激起来的进口替代，是取得某些合意效果、经济上明智稳妥的好办法”[4]。这样的观点与现实主义的国际贸易理论实际上有某种程度上的类似，其理论的出发点都是基于对自由贸易与比较优势的质疑，以及对国内

---

[1] ［美］弗雷德里克·皮尔逊、西蒙·巴亚斯里安：《国际政治经济学：全球体系中的冲突与合作》，杨毅，钟飞腾，苗苗译，北京大学出版社2006年版，第231页。

[2] ［美］罗伯特·吉尔平：《国际关系政治经济学》，北京大学出版社2006年版，第167页。

[3] 王正毅：《国际政治经济学通论》，北京大学出版社2010年版，第361页。

[4] ［阿根廷］劳尔·普雷维什：《我的发展思想的五个阶段》，《国际经济·评价》，1983年第11期，第12－21页；［美］杰拉尔德·迈耶，达德利·西尔斯编：《发展经济学的先驱》，经济科学出版社1988年版，第181页。

工业制造业发展及其在国际安全问题中的重要意义的重视。尽管进口替代政策尤其是在拉丁美洲遭受了挫折，但这种以经济要素跨国流动及其背后的世界经济贸易结构为出发点来看待一国进出口产品结构的思路，也无疑是基于对客观事实观察的一种分析路径。

2.1.2 跨国投资的相关理论

国际政治经济学对于跨国投资的研究，主要是集中在对于跨国公司这一非主权国际行为体的研究，包括对公司跨国投资的动机、跨国公司对区域层面及国际体系层面的影响、跨国公司与母国的政治经济关联，以及跨国公司对东道国的政治经济影响。本书所关注的是投资作为经济要素跨国流动的手段对于东道国（经济要素输入国）的影响，因此主要梳理并使用这一部分的现有理论成果。

从自由主义意识形态出发的跨国投资理论，所持的理论出发点仍是基于自由市场与比较优势的思路，认为造成国际投资的动因根本是在于跨国公司自身与投资对象国之间的要素差异。其中最有代表性的理论，如邓宁的 OLI 模式认为，“O”所有权（ownership）、“L”区位（location）与“I”内部化（internalization）这三个方面的因素可以全面解释公司的跨国投资行为。跨国公司拥有更好的利用自身资源的能力，亦即更先进的生产与研发技术，以及更高效的组织运营管理水平，这些能力实质上是跨国公司自身的要素禀赋以及比较优势，借助这些优势，跨国公司可以通过将自身的经济要素输入其他国家，利用东道国的要素禀赋（市场、劳动力、原材料）以便进一步加强自身发展。从东道国的角度来看，跨国公司的投资也同样是有益的。在邓宁看来，投资给东道国所带来的效益，是一个“资本、生产技术转移、研发能力、管理与营销的方式、技能、制度以及企业家精神的组合”，为东道国带来产出的增加以及国内生产力的进步。同时，“跨国投资的正向溢出效应也会从纵向（上下游）与横向（同产业）影响东道国，使其得到出口结构、生产技术及管理技术上的全方位提升”[1]。从总体上看，自由主义认为跨国投资

---

[1] John Dunning and Sarianna Lundan, *Multinational Enterprises and the Global Economy*, Edward Elgar Publishing Limited, 2008, pp. 295 - 297.

是对资本的输出国与输入国都较为有利的一种经济要素跨国流动形式。

现实主义的跨国投资理论则更多地从国家利益，以及国家在世界经济中的竞争地位的角度来看待跨国投资对东道国的影响。例如，吉尔平所归纳的当代重商主义的本质，是“民族经济和政治目标优于全球经济效益”“每一个国家都追求反映本国国内经济需求和外部政治雄心的经济政策”。因此，对于东道国受到跨国投资的影响，这些理论主要是从国家政府的经济地位与经济政策角度来分析，强调政府对国内经济的管理及国内经济政策的自主，认为东道国政府对跨国投资的管理水平不佳会导致东道国（要素输入国）出现失利局面。在相互依存的世界经济体系中，“相互依赖突出了一国经济不稳定传递到别国的问题”，也可能导致“劳动力错位、收入分配不平等加剧，使国家计划更加困难”[1]。而东道国政府的任务之一即尽力减小这些不利影响，“执行使投资条款有利于它们的政策”[2]。但同时，这些理论也承认跨国投资对于东道国的正面影响，认为跨国投资通过与东道国各自的资源禀赋的有效结合，可以提高东道国在国际市场的竞争力，从而促进东道国的总体经济发展。

依附理论相关的国际投资理论对于跨国公司给东道国带来的影响持较为负面的态度，这也是源于马克思主义理论对于世界经济体系“不平等”与“剥削”的强调。用皮尔逊《国际政治经济学》中的说法，这些理论“倾向于把跨国公司看作是西方殖民主义的副产品和象征，认为它们是新形式的‘公司殖民主义’在经济、政治和文化上统治和剥削的工具”。这些理论指出，跨国公司按照东道国而非跨国公司母国的工资标准支付劳动报酬，因此认为跨国投资实质上是剥削的跨国延伸。同时，跨国公司通过公司内部的原材料等交易，由于低于公司间的跨国贸易价格，也被看作是损害东道国税收收入的做法。这些理论还认为跨国公司利用自身的能力影响东道国的国内政治，使东道国政府做出有利于跨国公司而不利于本国工人阶级的政策决策[3]，因此对于东道国是不利的。

---

[1] ［美］罗伯特·吉尔平：《跨国公司与美国霸权》，钟飞腾译，东方出版社 2011 年版，第 185 页。

[2] ［美］罗伯特·吉尔平：《国际关系政治经济学》，北京大学出版社 2006 年版，第 235 页。

[3] ［美］弗雷德里克·皮尔逊、西蒙·巴亚斯里安：《国际政治经济学：全球体系中的冲突与合作》，北京大学出版社 2006 年版，第 332 – 335 页。

2.1.3 发展援助的相关理论

对于经济先进国家给予后进国家的援助，特别是如何看待这种发展援助，现有的理论实质上也可按照三大学术意识形态的划分将其分类。按皮尔逊《国际政治经济学》中的表述，将其称为理想主义学派观点、现实主义理论观点、以及依附论（帝国主义理论）观点。

理想主义学派的观点从较为积极的方向看待富国对后进国家的发展援助，认为发展援助“从根本上来说是人道主义的表现”，体现了“国际主义的基本价值标准”[1]。通过对后进国家的基础设施建设、医疗卫生、教育等方面进行援助，可以改善后进国家的贫困状况，促进其社会与经济的发展；通过减小后进国家与先进国家之间的发展差距，国家间的经济交往将更加频繁，可以更大程度上促进整个世界经济的发展。因此，这些观点认为发展援助对于后进国家与援助输出国家乃至世界经济都是有益的。

现实主义的观点则更加强调发展援助在经济以外的目的性，将发展援助更多地看作是援助输出国自身影响力的延伸，其对后进国家施以发展援助的目的，主要还是“以援助买合作”，援助的对象国也是对其有国际政治价值的国家而非所有相对贫困的国家。与此类似的，依附论对于发展援助的观点也认为发展援助的动机远非人道援助或先进国家促进后进国家的经济发展以谋求共赢那么简单。这些理论认为，援助输出国实质上是以发展援助为手段，谋求对受援国政治的控制。通过援助经费与援助项目，援助输出国可以在受援国政府中建立自己的代理人，从而通过这些代理人干预受援国的政策决策，以使得援助输出国在受援国的经济、政治利益得到长久的保障[2]。学者缪尔达尔对发展援助的经济影响特别是减贫效用本身也提出批判，认为发展援助在不发达国家首先要面对的是把持政府的上层精英，而援助的款项往往由这些人掌控，因此很多发展援助在实质上并没有使不发达国家的贫困阶层真正

---

❶ ［美］弗雷德里克·皮尔逊、西蒙·巴亚斯里安：《国际政治经济学：全球体系中的冲突与合作》，北京大学出版社2006年版，第515－517页。

❷ ［美］弗雷德里克·皮尔逊、西蒙·巴亚斯里安：《国际政治经济学：全球体系中的冲突与合作》，北京大学出版社2006年版，第516页。

受益，而是成了“发达国家的穷人交税去‘援助’不发达国家的富人”❶。因此，他也呼吁应该改变发展援助的某些做法，更多依靠非政府组织对不发达国家进行更加有效的援助。

2.1.4　人员（劳动力）跨国流动的相关理论

人员跨国流动实质上包含两个不同的类别：短期的人员跨国流动与长期的人员跨国流动。短期的流动一般来说属于出境旅游，是服务贸易进口的范畴。对于这一现象的研究，涵盖在国际贸易的相关理论中。长期的人员跨国流动，包括各类商务人员、留学人员、移民等，则有针对移民的国际政治经济学专门理论研究。

如果以自由主义视角的国际经济学理论观察研究移民的跨国流动现象，则认为移民无论其技术与受教育水平，都对移民输入国的经济具有普遍性的正向贡献。低技术劳动力对于移民输入国来说，具有填补劳动力短缺的效益；而高技术劳动力进入移民输入国，更是对于输入国的技术水平、生产力等要素的提高具有积极意义。同时，高技术劳动力与国际投资相似，都具有某种程度上的正向技术溢出效应。就移民输入国出于保护本国低技术劳动力就业的原因而对外来低技术移民进行限制的问题，很多理论也从经济分析的角度得出了这种限制并不能促进本国就业的结论，因为低技术移民所能够接受的工资水平是本国低技术劳动力所不能接受的，因此限制外来劳工并不能增加本国的就业，反而会由于外来劳工减少而使得原本雇佣外来劳工的企业的经济收益减少，与外来劳工的消费相关的行业的收益也会减少❷。当然，这样的现象多发生于经济后进国家向发达国家的移民中，对于低技术劳动力流向经济后进国家的情形，这样的分析还存在值得商榷的方面。

如以民族主义（现实主义）的视角来看待国际移民问题，除强调移民特别是低技术移民对于本国劳动力的挤出效应以外，则会有更多国家政治、民族认同方面的考量。例如，对于移民在移民输入国中的语言、文化、生活习

---

❶ ［瑞典］冈纳·缪尔达尔：《国际不平等和外国援助的回顾》，［美］杰拉尔德·迈耶，达德利·西尔斯编：《发展经济学的先驱》，经济科学出版社 1988 年版，第 163－165 页。

❷ 罗爱玲：《国际移民的经济与政治影响：以欧洲穆斯林移民为例》，上海社科院博士学位论文，2013 年，第 43－46 页。

惯、宗教等问题，由于移民不同的语言与文化、宗教背景，当成规模流入移民输入国的社会中，势必会引起对输入国本国社会环境、文化环境的冲击，从而在一定程度上削弱本国社会的一致性，甚至导致更加严重的社会问题。因此，移民输入国大多对移民采取一定的鼓励（有些甚至是强制）移民融入本国语言、文化与社会生活的政策；同时移民输入国也会无一例外地尽最大可能管控自己的边界，阻止非法移民的流入，这也是民族国家主权的具体体现。[1]

2.2 国际关系中的认知理论

作为一门融汇了多种学科成果的综合性学科，国际关系的各类研究中，近年来也大量借鉴并发展了来源于政治心理学的认知研究，而对于认知研究的相关理论，则是本书的理论分析框架中的另一大组成部分。

学术界一般认为，“认知”是一个心理学上的概念，其含义是指通过推理、直觉或感觉来获取知识的行为或过程[2]。认知心理学是研究人们如何学习、构造、存储并使用信息的学问[3]。认知主义理论在心理学领域的兴起，不仅使得心理学本身实现了一个巨大的发展，而且也促进了其他相关学科的发展。在国际关系研究中，最早的系统化使用认知理论的是罗伯特·杰维斯于1968年发表的论文《关于错误知觉的假设》，在该文中将知觉作为理解外交决策和国家行为的重要因素并对其进行了系统研究。杰维斯强调，了解知觉的主要目的是考察决策者对客体的目的和意图的认知，但是由于决策者自身条件的限制尤其决策的制定总是处于不确定的复杂条件下，决策者对环境和他人的判断常常是一个选择性知觉、错误知觉和知觉扭曲不断发生的过程，这就使情况变得更加复杂。因此，“如果不考察决策者对客观世界的看法和

---

❶ ［英］戴维·赫尔德、安东尼·麦克格鲁等：《全球大变革——全球化时代的政治、经济与文化》，杨雪冬等译，社会科学文献出版社2001年版，第448－453页。

❷ 斯滕伯格：《认知心理学》，杨炳钧等译，中国轻工业出版社2006年版，第10页。

❸ 李少丹：《国际政治中的认知转变：以美国对中国的“认知转变”为例》，《国际政治科学》2013年第3期，第89－90页。

对其他人的认识，就无法解释重大决定和政策是怎样形成的”[1]，决策者脑海中所认知的客体意象，才是推动其决策的真正影响因素[2]。但是，这一类对于认知的研究最早只是集中于分析外交决策，随着认知心理学在国际关系研究中的进一步发展，以及与群体心理学、大众传媒理论、公共外交理论的结合，越来越多的研究开始关注国家与国家之间、特别是两个不同的国家民众社会群体之间的心理认知与形象建构的问题。

对于国家间相互认知对方形象的研究，土耳其学者 R. 库塔 · 卡拉卡提出，认知是一种文化对另一种文化的结构、态度、行动与反应的解读过程；而这种认知究竟是正面的还是负面的，则取决于两种文化在先前的相互交往中获得的历史经验，这也叫作“转化”。两种文化间对彼此的期待与需求，与“转化”过程中获取的信息同样重要。就国际关系而言，从一个民族的角度出发，谈及另一个民族的叙事、艺术作品、新闻、传言等认知形式，可以感受到该民族对另一个民族的认知态度。这些认知形式所塑造的解读，会形成不同民族对彼此的偏见与同情，并不断传承下去。两个民族在文化、经济、政治和教育领域的合作，能够部分反映各自对另一方的认知[3]。利用与此类似的理论框架，当前很多学者也进行了国家形象、国家认同等问题的研究。例如，王珏、汪伟民阐述了国家形象的心理形成机制，认为社会认知的主要因素包括主客观因素，即认知对象和认知者自身，以及认知的情景三个部分。根据认知透视模型，国家的客观事实是远体刺激，远离认识主体。只有通过适当的介质，如报纸、旅行或者电视节目等，远体刺激才能被反映在认识主体的眼中；在介质传递信息的过程中，有些信息会失去，而有的介质造成的信息则会加入[4]。此外，韩国学者金庄洙曾进行过中日韩三国相互间认知形象比较的研究；在研究中，该学者使用了认同理论所提出的恶循环假设。这一假设认为，根据历史的经验，接触的扩大对共同体认知的形成有可能产生

---

[1] 罗伯特 · 杰维斯：《国际政治中的知觉与错误知觉》，秦亚青译，世界知识出版社 2003 年版，第 18 页。

[2] Robert Jervis, “Hypotheses on Misperception” *World Politics*, Vol. 20, No. 3, 1968, pp. 454－479.

[3] R. 库塔 · 卡拉卡：《土耳其与中国间的认知分析》，《阿拉伯世界研究》，2014 年第 3 期，第 101－102 页。

[4] 王珏、汪伟民：《国家形象的心理形成机制初探》，《国际论坛》，2007 年第 4 期，第 27 页。

负面的影响。

在对认知的研究方法上，必须看到，国际关系学科对公众认知的研究已经进入了一个重视变量与测量手段的阶段，国内外一些学者已经开始选择采用更为多样与科学化的研究方法，以期对公众形象认知问题做出更准确的描述。尽管前文已经详细的论述过，本书与目前较为热门的“中国国家形象研究”有很大的不同，但在对“认知”这一概念的理论出发点上，本书与这些研究具有一定的相似性，如中国的海外国家形象传播与建构问题、中日韩三国之间的形象认知问题，以及中国公众对他国的形象认知问题，都涉及本国对他国的认知如何测量、如何分析的问题。对“海外中国形象”问题相关的研究，目前既有侧重于从传播学、文学、文化学的角度展开探讨，也有从比较政治学的角度展开的，在测量“认知”的方法上，有针对国家形象问题的民间调研统计与定量研究。例如，在卡赞斯坦和基欧汉所编著《世界政治中的反美主义》，江忆恩、丹尼拉·斯托克曼利用1998—2004年对北京居民进行的年度随机抽样调查，进行了中国人对美国及美国人的态度的研究；该研究将中国公众对美国和美国人的好感度作为结果变量，而研究包括收入、教育、政治代际等原因变量对好感度的影响❶。韩冬临在《想象的世界：中国公众的国际观》一书中，针对中国公众的国际观进行了研究。他认为，媒体的摄取对于公众国际观有明显的影响，摄取的媒体量越多，公众就越支持国家的对外政策。而收入与教育和国际观亦存在密切的关系。从收入、职业和教育三个基本维度衡量的中国中产阶级，比其他社会阶层更具有开放的、对外友好的国际观❷。陈定定等对在大陆出生、去美国求学并居住在美国的中国学者和学生对美国的态度进行了描述性与解释性研究。该研究以总体的国家好感度和政治、经济、环境等分项的好感度作为结果变量，以媒体接触、社交、在美时间长短、民族主义、民族优越感、政党属性、性别、年龄、教

❶ ［美］彼得·卡赞斯坦，罗伯特·基欧汉：《世界政治中的反美主义》，中国人民大学出版社2012年版，第188－192页。

❷ 韩冬临：《想象的世界：中国公众的国际观》，社会科学文献出版社2012年版，第271－273页。

育为原因变量，进行了原因分析[1]。这些研究成果，都是从实证分析的角度入手，对“认知”进行科学化的测量与量化，辅以可量化的原因变量进行分析，找出各种原因变量对认知的影响程度。

由此可见，认知心理学等理论在国际关系领域的运用，主要集中于两个大的方面，一是为外交决策分析，这主要强调对政治人物心理的分析[2]；二则注重对公众认知的研究，这主要涉及国家形象传播与建构问题。在本书中，所关注的“认知”不仅仅是代表老挝本国各类大小企业对中日韩经济要素的认知评价，同时也会研究代表国家决策的老挝中央政府各经济相关部门官员对中日韩经济要素的认知评价。因此，将要进行的研究，实际上同时包括了认知相关理论的上述两方面的内容。在对高层官员与重点大型企业领导的访谈中，将在一定程度上对受访人的心理进行分析；在广泛发放的问卷调研的同时，也将采用必要的方式方法，力图尽量科学化地测量、描述老挝民众的认知。

2.3　本书的理论分析框架与假设

通过对与本书相关的现有理论成果进行整理，明晰了学术界对于本书所要研究的因果变量：“经济要素跨国流动”与“认知”的一般性认识与论述。在试图实证性的分析外国经济要素流入对影响本国认知之前，首先需要阐释这些外国的经济要素为何或如何对本国的认知产生影响。这也是搭建一个分析框架的目的。

前文已经提到，由不同的学术意识形态发展出的各种国际政治经济学理论，对于经济要素的跨国流动的分析，实质上就是基于这些理论的构建者是如何看待或认知经济要素从先进国家流向后进国家这一现象的。如果以认知理论的角度来观察这些对于经济要素跨国流动的分析，实质上它们的认知者即是构建这些理论的学者，而认知对象则是经济要素的跨国流动，而理论的

[1] Han Donglin, Chen Dingding, Fang Changping, “Images of the United States: Explaining the Attitudes of Chinese Scholars and Students in the United States”, *The Chinese Journal of International Politics*, 6, 2013, pp. 183-207.

[2] 张清敏：《国际政治心理学流拍分析》，《国际政治科学》，2008 年第 3 期，第 72 页。

构建者们形成认知所凭借的介质则是多样化的。本书则变换了看待这种流动的角度：从经济要素流入国的角度而非理论研究者的角度，研究该国的各个利益相关方如何看待外国经济要素流入他们的国家。在这一分析视角下，认知者变成了代表经济要素流入国的国内经济决策机关的政府官员、代表经济界精英的大型企业领导、以及代表民众的中小企业，认知对象仍然是跨国流入的外国经济要素，但不同于对宏观的外国国家形象认知的研究，本国的经济利益相关方对于外国经济要素形成认知的介质“杂质”较少，对于外国经济要素导致自身经济利益变化或在经济交往的具体行为中出现的问题感受较为直接；而通过这些与外国经济要素互动所形成的认知的总和，即是该国对这些外国经济要素的认知的基础。

诚然，作为一个整体的国家，对来自另一国的经济要素的认知，实质上是各种不同的或为正向、或为负向的认知的叠加；在这样的叠加中，国内不同的利益相关方必然会对同样的外国经济要素产生差异化的认知。甚至同样的国内利益相关方对于同样的外国经济要素的认知也有可能出现不相同的认知。首先，通过对前文中基于不同经济意识形态的现有理论观点进行梳理，辅以从本国各个利益相关方的角度对现实进行的观察，通过总结出一个较为简洁清晰的表来阐述外国的各种经济要素对本国可能产生的正向或负向认知变化（见表2.1）。

表2.1　外国经济要素流入对本国认知的影响

项目	正向影响	负向影响
进口	（1）引进外国产品可丰富本国市场或增加本国总体经济福利。 （2）进口相关产业获得经济收益	（1）进口产品与国内相同产业存在竞争关系或压制国内新兴产业发展。 （2）如进口产品有质量问题，则影响进口相关产业收益，并影响本国消费者的认知
投资	（1）充实本国资本。 （2）增加本国就业、提高工资水平。 （3）从长远上增强本国出口的国际竞争力。 （4）技术溢出效应	（1）投资产业与本国相同产业存在竞争关系。 （2）投资项目有可能冲击本国自然与社会环境。 （3）跨国公司内部贸易有可能损害本国税收收入。 （4）对本国经济安全/主权的潜在影响

续表

项目	正向影响	负向影响
发展援助	（1）帮助本国社会经济发展。 （2）技术溢出效应	（1）不当的援助方式有可能加剧本国腐败程度。 （2）援助的有效性未能惠及民生。 （3）援助输出国可能谋求对本国的政治控制
人员流入	（1）游客消费增加本国旅游收入。 （2）移民带来人力资源发展	（1）如游客普遍行为不够文明，则广泛影响本国民众的认知。 （2）移民过度流入影响本国社会生活。 （3）低技术移民对本国劳动力市场的潜在影响

从表 2. 1 可以看出本国对于外国的经济要素流入，既可以形成正面的认知，也可以形成负面的认知。这其中，即使是一般认为的通常只可能使受援国形成正面认知态度的发展援助，其实某些情况下也有可能由于援助的手段与效果的差异使受援国形成负面认知。将上表中的认知形成原因（即各种正向或负向的对认知的影响）进行归类，可将其分为三种不同的因素：

第一，本国不同的利益相关方（政府部门、不同行业、劳动力、社会中的个人）的经济利益受益或受损；

第二，要素流出国在与流入国的经济交往中的具体实施人员（政府间经济合作的官员、投资者、各类进入本国的商业人员、甚至是游客）在与流入国的利益相关方进行交往时的具体行为；

第三，本国的利益相关方尤其是政府决策部门与企业界的精英阶层对于外国经济要素大规模流入而导致的国家经济安全（主权）方面的担忧。

但无论是出于哪方面的考量，要素流入国对于这方面的认知从根本上都是由他国的经济要素进入本国而造成的，因此应该一并计入本国对外国的经济形象的认知这一范围进行测量与研究。而表 2. 1 所归纳出的外国经济要素对本国认知的影响、以及形成这些影响的三种因素，即是本书所采用的基本分析框架的来源。

然而在对这三种影响本国对外国经济形象的认知的因素进行分析的时候，

也必须看到，不同的分析工具在解释力上会具有不同的局限性。因此，将采用定量分析与定性分析结合的方式进行研究：对于第一种与第三种因素的一部分，可以通过将外国经济要素在老挝的存在以金额的方式进行计算，然后将其与老挝对外国的经济形象的认知评价的评分进行数据关联分析，找出外国经济要素的流入量与老挝对该国经济形象的认知的变化之间的关联性；对于第二种因素（以及第三种因素的一部分），定量分析无法表述外国经济要素在与老挝的经济交往中的具体行为及其如何受到褒贬，因此将采取文本分析方法，以分析调查问卷中的具体文字评价的方式进行研究。依托这样的分析研究方式，预期可以对本书提出的问题进行较为缜密而全面的解释。

按照严谨的社会科学研究范式，一项研究需要对研究问题进行可操作化的整理，提出相应的待验证的假设。因此，在本章的最后，从总体上应用上述的分析框架与思路，提出待检验的几种假设如下：

假设1：老挝对于中日韩的经济要素流入呈正向认知。（本国对于外国经济要素的积极因素的认知更为显著，获得的利益大于损失，或对外国经济要素的质量与流入方式的认知更为积极，经济安全的担忧较小。）

假设2：老挝对于中日韩的经济要素流入呈负向认知。（本国对于外国经济要素的消极因素的认知更为显著，受到的损失大于收益，或对外国经济要素的质量与流入方式的认知更为消极，或经济安全的担忧较多。）

假设3：老挝对于中日韩的经济要素认知呈现差异性趋势。（本国对于各经济要素来源国的认知有差异，在与各国的经济交往中获益与受损情况有差异，对某些外国经济要素的质量与流入方式的认知更加消极，或对某些国家的经济要素给本国造成经济安全威胁的担忧大于其他国家。）

假设4：老挝对于以上三国的经济形象的认知与三国的经济要素流入之间没有明显的趋势性关联。

前文已经述及，现有的研究成果对于中国经济要素在海外的认知形象究竟趋于积极还是消极，以及经济合作伙伴国家对于中国带来的经济增长的正面认知与中国某些经济交往行为的负面认知究竟哪一种更为显著，并没有一致性的共识；对于其他国家在外国的经济要素的形象或外国对其认知的研究，也同样出现了差异性的结果。因此，通过将研究问题提炼为上述四个假设，本书将在后面的章节中采用定量与定性分析相结合的方法对上述假设进行验证；不仅将在静态与动态趋势上的检验假设是否成立，也会在验证出能够成立的假设之后，通过对访谈与调查问卷所获取的开放性评述进行实证性分析的方式，对其进行进一步阐释与归因。

第3章　中日韩在老挝的经济要素及其表现

一个经济体在其经济伙伴国中形成的“经济形象”，毋庸置疑是由其投入在经济伙伴国中的各类经济要素所导致。本章聚焦于本书中的原因变量：中日韩各自在老挝的各类经济要素投入情况，这些情况将以统计数据与重点案例介绍组合的方式呈现，既是作为之后的定量与定性分析的基础，也是对于中日韩在老挝近年来的投资、贸易、发展援助等情况的总结性梳理，同时更是对中日韩三国近年来在老挝的经济影响力的一次较为全面的测量。本章对于中日韩三国在老挝的经济活动数据的总结与梳理，其本身就具有一定的价值。

3.1　本书对“经济要素”的界定与测量

对于“经济要素”这一概念，是在综合了现有的国际政治经济学相关理论研究对其的一般性定义、同时权衡了相关数据的可获取性之后，圈定了本书中这一概念的范围。在现有的国际政治经济学理论中，对于“经济要素”，以及类似概念的构建各有侧重。吉尔平在《国际关系政治经济学》一书中，论述了现代世界经济通过市场生产方式的全球性发展，其在书中将这种全球性发展的主要力量归纳为“经济力量、组织力量和技术力量”，包括新的生产技术、新市场与供应来源、组织管理经济活动的新方法等[1]。皮尔逊在《国际政治经济学：全球体系中的冲突与合作》中对于类似“经济要素”概念的归纳则是采用了“经济资源”的说法，认为作为国际政治经济学的研究范围的经济资源包括土地与自然资源、人口、教育培训和技术，以及国际货

[1] ［美］罗伯特·吉尔平：《国际关系政治经济学》，北京大学出版社2006年版，第63－65页。

币与黄金储备[1]。斯特兰奇在《国家与市场》一书中，采用了“世界经济中的权力结构”这一概念来构建其分析经济要素跨国流动的理论，将影响世界经济的结构性权力分为安全结构、生产结构、知识结构、金融结构四类，而这四类结构的每一种都会影响其他三种[2]。王正毅在《国际政治经济学通论》一书中，则直接采用了“经济要素”这一名称，认为“经济要素的跨国流动”就是资本、技术、劳动力以及信息的跨国流动[3]。一般说来，学术界在使用“经济要素的跨国流动”这一名词时，通常包括的含义即是货物、技术、资本、信息、劳动力等资源的跨国流动；而这些跨国流动的手段，则一般包括国际贸易、国际投资、劳务派遣或跨国移民、国际组织或国家间的发展援助，以及发展援助性质的政府间的经济合作、国际借款等。在最初的研究设计阶段，考虑的方案是按照上述这些方面的总和来定义本书的原因变量。

但是在对上述的经济要素跨国流动手段进行数据收集，特别是对老挝这样的发展相对后进的国家进行国别研究时，由于统计数据的种种限制，并不一定能够全方位地获得上述所有方面的相关经济数据。在本书收集数据的过程中更是如此：对于老挝与中日韩的贸易数据，老挝国家统计局的数据不全，因此笔者通过老挝外贸银行的主要领导联系到世界银行老挝办事处，希望获得更为详细的统计，但最终该处仅能提供 2012—2015 年的中日韩与老挝货物贸易分类统计，因此最后本书只得采用联合国世界贸易数据库（Comtrade）中的货物贸易数据，并放弃了对服务贸易的计算。对于发展援助的统计，老挝计划与投资部提供了 2008—2015 年的中日韩对老挝的具体援助金额，但全面的分国别统计数据只有 2008 年及 2009 年。对于老挝的国际借款统计，老挝央行与外贸银行尽管可提供一定的境外汇入款项统计数据，但首先，数据不全；其次，存在与其他的经济要素流动手段，如投资、进出口重叠的问题，因此最终放弃了对这一类别的计算。

最终，本书选择了中日韩对老挝的货物贸易出口（数据来源为联合国 Comtrade 数据库）、投资（老挝计划与投资部提供内部数据）、发展援助（数

[1] ［美］弗雷德里克·皮尔逊、西蒙·巴亚斯里安：《国际政治经济学：全球体系中的冲突与合作》，北京大学出版社 2006 年版，第 9 – 16 页。

[2] ［英］苏珊·斯特兰奇：《国家与市场》，上海人民出版社 2006 年版，第 29 – 32 页。

[3] 王正毅：《国际政治经济学通论》，北京大学出版社 2010 年版，第 5 页。

据来源同上）、人员流入（数据来源为老挝旅游统计报告，由世行老挝办事处转交）作为原因变量“外国经济要素”的组成部分，时间跨度为2008—2015年。其中，对于货物出口的统计，按照国际贸易标准分类（standard international trade classification，SITC）的10个大类进行计算。对于投资的统计，按照老挝计划与投资部的统计分类进行划分。发展援助的统计，按照中日韩每年对老挝的援助总额进行计算。人员流入的统计由于无法找到具体的入境人员签证分类统计，且经老挝出入境管理局确认，老挝旅游统计报告中的分国别入境人员数量即是该国当年全部签证类型的入境老挝人员的总人次，因此按照该报告中的数字计算。

3.2 中国经济要素在老挝的表现

3.2.1 中国对老挝的出口

自中国—东盟自由贸易区的货物贸易协定于2005年生效以来，中国与老挝之间的贸易额一直呈现增长态势。中国对老挝的年出口额从2008年的2.68亿美元增长至2014年的18.38亿美元（见图3.1），增长近7倍；最近的2015年的统计数据，老挝方面尚未公布，按联合国统计数据，中国对老挝的出口额有所下降，但仍高达12亿美元。实际上近年来中国已经成为仅次于泰国的老挝第二大进口来源地，中国的商品在老挝已经达到了随处可见的地步。

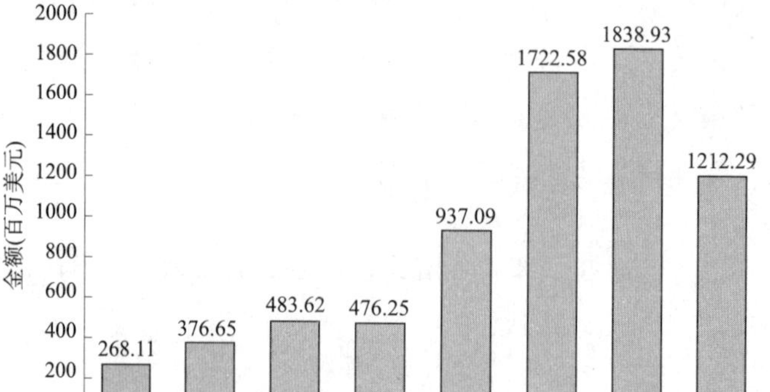

图3.1 2008—2015年中国对老挝出口金额统计

数据来源：https：//comtrade. un. org/data/。

在出口结构上，中国对老挝的出口产品主要集中于制成品。按 SITC 分类标准统计，2008—2015 年中国出口老挝的产品中，机械与运输设备类（SITC7 类）占最大比重，达到近 70%，其次为按原料分类的制成品（SITC6 类）以及杂项制成品（SITC8 类）（见图 3.2）。这三类制成品占中国对老挝出口产品的 94%。

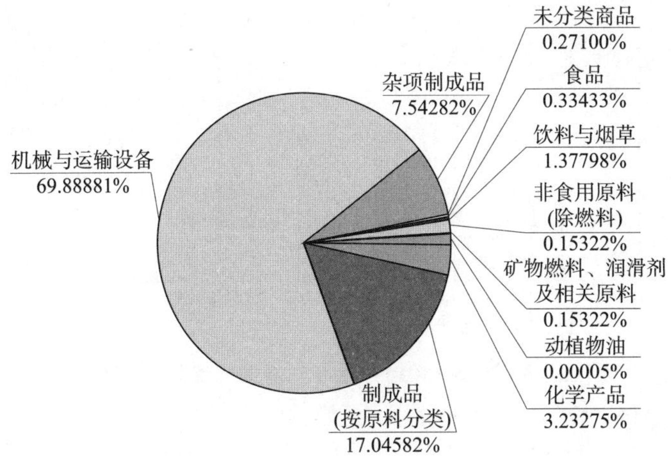

图 3.2　2008—2015 年中国对老挝出口商品分类（SITC 分类标准）

数据来源：https：//comtrade. un. org/data/。

中国对老挝的出口结构一定程度上证明了中国的制造业实力的大幅提升以及老挝对于中国工业制品的认可；除在老挝市场上愈发增多的中国轻工业制品，如服装鞋帽以及中国品牌的电子产品外，也可以看到中国生产的大宗高附加值产品向老挝出口。例如，西飞集团生产的新舟系列飞机，近年来已向老挝航空公司（Lao Airlines）等出口数架。并获得了一致好评。[1]

3.2.2　中国对老挝的投资

中国对老挝的投资近年来显著增长，近年来居于老挝外资来源国的首位。从 2008—2015 年的统计数据来看，尽管有所起伏，但中国对老挝的投资除

[1] 相关情况整理自新闻媒体报道以及笔者对老挝空军运输机管理部门主官的访谈。访谈时间：2016 年 11 月 28 日。新闻报道可参见：《中航工业西飞向老挝交付两架新舟 600 飞机》，新华网，2013 年 4 月 24 日，http：//news. xinhuanet. com/air/2013 – 04/24/c_124622933. htm，《中国西飞再次向老挝空军交付两架 MA60 飞机》，新华网，2012 年 4 月 11 日，http：//www. hinews. cn/news/system/2012/04/11/014272288. shtml。

2015 年外，每年都在亿美元以上，2013 年甚至达到了 10 亿美元以上，这样的投资规模对于年 GDP 仅在百亿美元级别的老挝来说，无疑是巨额的经济要素存在。此外，从投资项目的单项规模来看，中国对老挝的投资中，大型项目占相当大的比重（见图 3.3）。

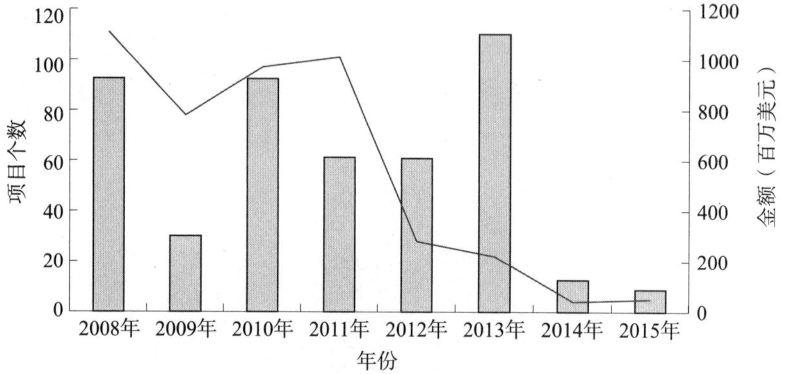

图 3.3　2008—2015 中国年对老挝投资逐年统计

数据来源：根据老挝计划与投资部内部数据整理制作。

从投资项目的行业分布上看，2008—2015 年中国对老挝投资金额最多的项目是矿业，共计逾 26 亿美元，占中国对老挝投资总额的一半以上；其次为电力行业，共计八个大型水电站项目，金额近 6 亿美元，占投资总额的 12%；最后为农业，共计 102 个项目，金额 5.1 亿美元，占投资总额的 11%。另外，工业项目投入也较多，共计 110 个项目，金额 4.5 亿美元。从图 3.4 可以看到中国对老挝的投资几乎覆盖了老挝经济的全部行业部门。

从位置分布来看，2008—2015 年中国在老挝的投资遍及老挝全部省区[1]，这样的投资广泛分布在老挝的所有外资来源国中都是不多见的。从项目个数统计来看，中国投资最多的是首都万象市，共计 138 个项目，金额 7.45 亿美元，项目的行业分布也较广，其中较有代表性的是中老合资的万象市中心商场项目。该项目位于万象市中心繁华地段，是老挝的首个现代化的大型商业中心，于 2015 年正式营业。从投资金额统计来看，中国在老挝南

[1] 对于老挝赛宋本（Xaisomboun）省的投资统计，如绪论中所述，该省一度撤销后又于近年恢复，而老挝计划与投资部的统计似乎仍未将该省单列，因此在该部提供的统计资料中，中国在赛宋本省的南湃省（Namphai）水电站项目被计入万象省。

部的占巴塞省（Champasak）投资额最高，14 个项目共计逾 12 亿美元，这是由于中国在该省有两个大型矿业项目，投资额分别为 6 亿美元及 5 亿美元。此外，与中国接壤的乌多姆赛省（Oudomxay）、琅南塔省、丰沙里省也有大量的中国投资存在，项目覆盖矿业、水电、农业、工业等行业，这也是由于云南省与这三个省份距离较近，长期以来云南省与这些地区有较广的经济交往。

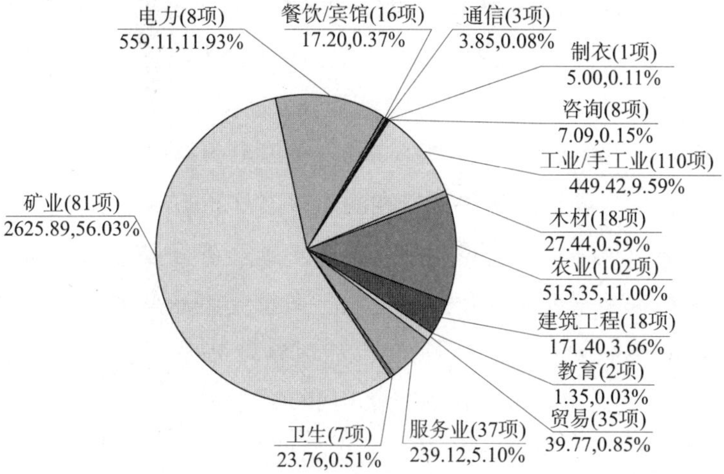

图 3.4　2008—2015 年中国对老挝投资分行业统计（单位：百万美元）

数据来源：根据老挝计划与投资部内部数据整理制作。

老挝自经济改革以来，一直致力于吸引外国资本，对外国投资根据项目所在地的不同，给予三种不同程度的税收等政策优惠；自 2003 年起，又开始在全国范围内设立经济特区制度❶。根据老挝计划与投资部官网资料显示，迄今为止建立的 10 个经济特区中，中国投资参与建立的特区就有四个❷，其中较为知名的是位于波乔省（Bokeo）的金三角经济特区。该经济特区于 2007 年开始规划，2010 年由老挝时任总理波松·布帕万批准，正式成立经济特区。特区位于湄公河的泰国、缅甸、老挝交界处的老挝一侧，总开发面积

❶ 信息整理自老挝计划与投资部官方网站 http：//investlaos. gov. la/index. php/special – economic – zone – sez。

❷ 信息整理自老挝计划与投资部官方网站 http：//investlaos. gov. la/index. php/special – economic – zone – sez。

100平方千米，经济与行政管理权由老挝政府授权金三角经济特区管理委员会负责，享有高度的自治权。数年来通过近9亿美元的投资开发，金三角经济特区内建立了较为现代化的基础设施体系与商业网络，并带动了整个波乔省的经济发展❶。在单个投资项目中，中国在老挝的矿业与水电项目大多规模较大。矿业项目中，除现有研究中较多提到的五矿集团2009年收购的沙湾拿吉省（Savannakhet）的色奔（Sepone）铜金矿项目以外，中老铝业在占巴塞省（Champasak）的铝土矿项目规模也较大。除老挝方面提供的投资数据以外，从公开的资料中可以看到，中老铝业在老挝占巴色省拥有147.86平方千米的铝土矿采矿权；2015年，中老铝业被云南铝业收购51%的股权，并决定投资建设年产100万吨氧化铝及年产铝土矿300万吨的配套矿山项目❷。笔者在调研过程中，曾到过该项目所在的布拉万（Bolaven）地区，当地经济发展较为落后，该项目的建设相信将会对当地经济发展带来拉动效应。水电项目中，根据老挝方面的数据，近八年来投资额最高的是位于川圹省的南椰2（Nam Ngiepz）水电站项目，投资额为3.45亿美元，其中中方投资占90%，由三峡集团出资。该项目采用BOOT模式（建设—拥有—运行—移交）运作，特许经营期为25年。水电站的建设于2011年动工，2015年已完工并投产。这一项目的建成，不仅为当地的用电提供保证，还可以将电能外销，增加川圹省的收入，并提供就业机会以及带动当地社会经济发展❸。

最后，对于中老经济合作中最受关注的中老铁路项目，通过老挝方面给予的数据以及现有的新闻报道，可以看到这一项目的大致情况。作为中国提出的泛亚高铁的中线出口，中老铁路的动议始于2009年。老挝国会早于2010年12月即批准了这项高铁项目，规划连接中国昆明至老挝首都万象市，全长421千米，整个工程占地3058公顷，预计造价70亿美元，计划于2011年4月开工，4年后完工。2015年11月，中老铁路宣布奠基仪式，但随后由

❶ 信息整理自金三角经济特区官方网站 http：//www.laosez.com/。

❷ 《云铝股份收购老挝中老铝业51%股权》，上海证券报2015年1月9日，http：//money.163.com/15/0109/02/AFG15B0800253B0H.html。

❸ 信息整理自中水电公司官网新闻稿《老挝南椰2水电站隆重竣工》，2015年10月5日，http：//www.cwe.cn/show.aspx？id=5185&cid=26。

于泰国方面对于连接中老铁路的中泰高铁项目再生变故，否决了向中国融资的计划并大幅缩减了这一高铁的建设规模，这也影响了老挝对于中老铁路建设的进展。一年后的2016年12月，中老铁路又再次举行了全线开工仪式[1]，至笔者在老挝北部调研时，已经可以看到一些沿线地区开始准备工作。在本书的主要研究工作完成之后，尤其是习近平主席在2017年11月对老挝进行国事访问后，中老高铁项目显现出加速建设的态势；至2019年3月，该项目老挝段的施工已近完成逾60%，并预计将于2021年竣工。由于这一项目的重要性，本书在问卷与直接访谈中都专门调查了老挝政府官员对中老铁路的认知态度，在本书随后的章节中将会全面呈现。

3.2.3 中国对老挝的发展援助

中国对老挝的发展援助具有较长的历史。由于两国相同的社会主义体制，中国对于老挝的各类援助自老挝人民民主共和国成立之初就未曾间断，尽管当时的中国经济发展水平较低，但仍为老挝提供了一定程度的经济援助。进入21世纪以来，中国对老挝的发展援助开始增加，主要项目有湄公河上游的疏浚工程、公路修筑、万荣水泥厂的扩建、琅勃拉邦市友谊医院项目等，以及以多边合作禁毒为目标的替代种植等[2]。近年来，中国对老挝的发展援助呈现大幅增长趋势，特别是自2013年起，中国对老挝每年的发展援助金额超过日本，达到创纪录的1.72亿美元，成为老挝最大的ODA来源国，并保持至今（见图3.5）。

---

[1] 对于相关媒体报导，参见《昆明将建421公里高铁直通老挝万象》，《新世纪》2011年1月4日，http：//money.163.com/11/0104/17/6PIRC1IV00253B0H.html；《中国向老挝投70亿美元援建昆明至万象高铁》，楚天都市报2012年10月26日，http：//news.sina.com.cn/o/2012-10-26/063925442676.shtml；《纽约时报：中国泛亚高铁老挝遇“红灯”》，大公网2013年1月4日，http：//news.takungpao.com/hkol/digest/2013-01/1365449.html；“Laos could bear cost of Chinese railroad”，Jane Perlez，*New York Times*，2013-1-1，www.nytimes.com/2013/01/02/world/asia/china-builds-a-railroad-and-laos-bears-the-cost.html；《老挝政府确认中老铁路将于2015年11月开工》，人民网，2015年9月29日，http：//world.people.com.cn/n/2015/0929/c157278-27646853.html。

[2] 张开林：《中国对老挝的援助分析》，云南大学硕士学位论文，2008年5月。

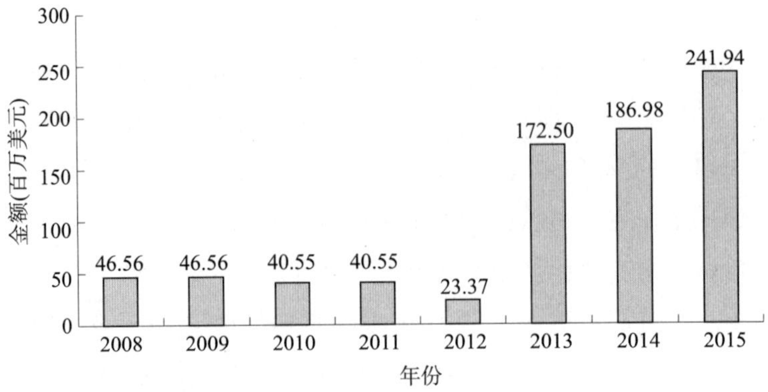

图 3.5　2008—2015 年中国对老挝发展援助金额逐年统计

数据来源：根据老挝计划与投资部内部数据整理制作。

中国近年来对老挝的发展援助机制成形于 1997 年两国签署双边协议成立的“老挝—中国合作委员会”。该机构属于部级单位，设有常设办公室。该委员会的职责在于协商两国的经贸与技术合作，监管双边政府间协定以及合作项目等。[1] 在实际进行援助项目的机制上，根据老挝计划与投资部的专项研究显示[2]，老挝对于希望中国援助的项目，一般由党中央、计划与投资部国际合作司，以及老挝老中合作委员会协调后，通过中国驻老挝大使馆向中国商务部提出申请，再由中国商务部国际援助司联系中资公司进行具体援助建设项目；对于援助性贷款的申请，则是由老挝财政部负责通过中国驻老挝大使馆向中国商务部提出申请，再由中国进出口银行向老挝提供贷款。但是该研究显示，在对老挝相关部门各级官员的访谈中，很多官员直言对于中国在老挝近年来大幅增加的发展援助金额有些国家影响力层的担忧情绪，因此希望能够保持 ODA 来源的多样化。笔者访谈的相关官员大多对中国的发展援助持较中立的态度，对中国提供发展援助的机制的评价一般认为比日本、韩国以及其他国家

---

[1] Leeber Leebuapao and Saykham Voladet, “Impacts of China on Poverty Reduction in Laos”, *Assessing China’s impact on poverty in the Greater Mekong Subregion*, edited by Hossein Jalilian, Singapore: ISEAS Publishing, 2013, pp. 414 –415.

[2] 该研究曾发表于 2015 年在澳大利亚国家大学发展政策中心举行的研讨会上，题为“Chinese aid to Laos – a mixed blessing”，主讲人为老挝计划与投资部国际合作司官员，可见于：http://devpolicy.org/2015 – Australasian – aid – conference/presentations/1d/Pepe – Khennavong. pdf。

更为高效，也更为灵活。

从中国援助的具体项目上看，老挝 2015 年的首颗人造地球卫星 LaoSat－1（中国称“老挝一号”）项目较为突出。自 21 世纪初，老挝政府就开始筹划本国通信卫星的计划；2008 年，老挝与中国签署航天领域合作协议，计划从中国购买并由中国发射通信卫星。2011 年，老挝邮政与电信部和中国航天科技集团下属的亚太卫星公司签订协议，共同负责卫星的发射与地面系统建设，并于 2012 年由中国进出口银行向老挝提供了 2.59 亿美元的援助性贷款。经过三年多的筹备并且与联合国国际电信联盟（ITU）以及其他附近在轨卫星的拥有方的多方协调后，LaoSat－1 卫星最终于 2015 年 11 月在中国西昌发射中心成功发射。在笔者对老挝邮政与电信部的访谈中，卫星项目的分管领导特别向笔者介绍了卫星项目的一些情况，并对这一项目的实施予以高度评价，认为这是近几年来中国对老挝发展援助最具代表性的项目，不仅为老挝的通讯覆盖、提高国际影响力做出了贡献，也证明了中国愈发强大的科技实力。

3.2.4　中国向老挝流入人员情况

与前三项经济要素的流动类似，中国赴老挝的人员在 2008—2015 年也呈快速增长趋势；按老挝旅游统计报告的数据，中国入境老挝的人数从 2008 年的 105852 人次增至 2015 年的逾 50 万人次。其中年增幅最大的是 2014 年，较 2013 年增长超过 70%（见图 3.6）。

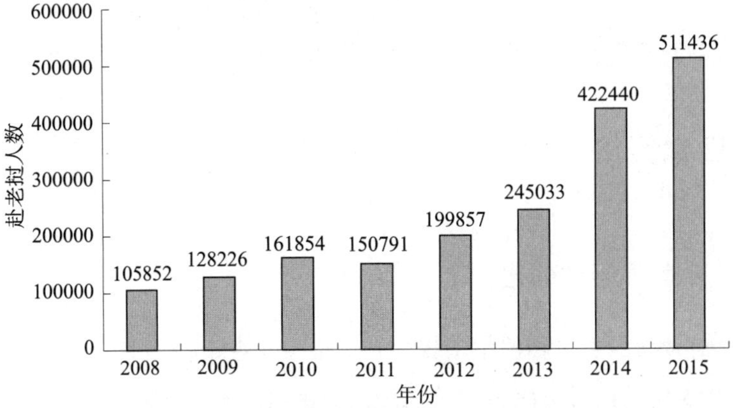

图 3.6　2008—2015 中国赴老挝人员逐年统计

数据来源：2014 年及 2015 年 Statistical Report on Tourism in Laos，访谈世界银行老挝办事处获得，访谈时间：2016 年 11 月 22 日；人均 GDP 统计来自 http：//databank.worldbank.org。

由于数据获取的限制，无法从每年入境老挝的总人数中析出商务人员、移民等非游客的人数比例。根据云南驻老挝万象省商务（企业）代表处于2012年为云南省商务厅编写的《老挝专题研究报告》[1]显示，中国在2009年有3215名劳务人员进入老挝工作，但没有更近的数据，也缺乏数据来源。其他的现有研究也同样没有详细的老挝外籍务工人员统计，因此本书凭现有的数据无法对这一情况进行估算。

但根据笔者长期在老挝观察以及本次调研的结果，可以看到中国游客低于如韩国等赴老挝旅游大国的游客数量；笔者通过向在老挝经营旅游相关行业的一些中国企业家了解情况，得到的回答是中国尽管近年来有一些团体游客赴老挝旅游，但数量并不多，因为老挝不是中国在东南亚的热门旅游目的地。而中国的商业与劳务人员在老挝却随处可见，从北部的丰沙里省、琅勃拉邦省到南部的沙拉湾省（Salavan）、占巴塞省（Champasak），笔者在多年的观察中以及本次调研过程中都接触了为数不少的长期在老挝经商务工人员；在老挝的主要城市尤其是万象市与琅勃拉邦市两市，中国商业聚集区更是规模较大，在万象省的中国商业区更是远不止一两处，尤其以近年新建的位于万象市核心地区的“万象中心”（Vientiane Center）项目为代表。同时，随着中国在老挝投资的数额急剧增长，大型项目众多，相关的工程技术人员赴老挝的数量也随之增长。因此，可以大致地推断，老挝方面提供的中国入境人数统计中，非游客应该占居很大比例。这样的推断在访谈问卷中也得到体现：几乎所有的问卷都提到了老挝有中方常住人员的情况。

3.3 日本经济要素在老挝的表现

3.3.1 日本对老挝的出口

日本对老挝的出口相比中国较少，年出口额在2008—2015年一直有所起伏，但2015年的出口额比2008年增长了50%以上；2008—2015年，2014年

[1] 该报告全文可见于：http：//www. docin. com/p－632505807. html。

出口额最高，达 1. 38 亿美元（见图 3. 7）。根据老挝方面的国别贸易统计数字，日本近两年占老挝进口额的 2% 左右，位居老挝进口来源国的第四位。

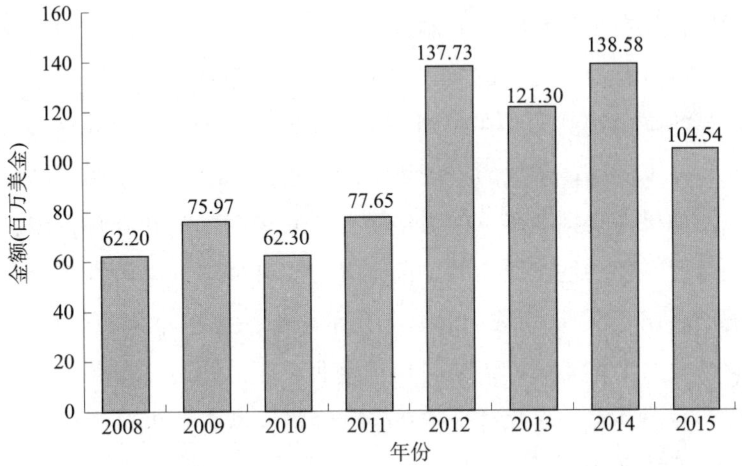

图 3. 7　2008—2015 年日本对老挝出口逐年金额统计

数据来源：https：//comtrade. un. org/data/。

日本对老挝的出口结构与中国类似，也以制成品为主。在 2008—2015 年，日本对老挝出口产品份额最大的是机械与运输设备（SITC7 类），占比达 82%，其次为按原料分类的制成品（SITC6 类），占比近 10%，剩余产品种类占比不到 8%，出口结构较为单一（见图 3. 8）。

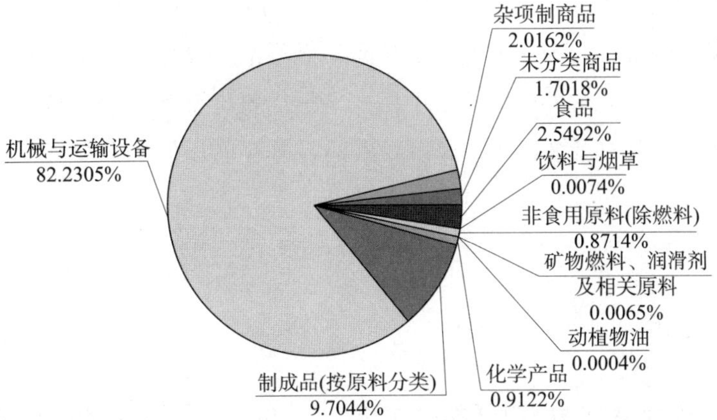

图 3. 8　2008—2015 年日本对老挝出口商品分类（SITC 分类标准）

数据来源：https：//comtrade. un. org/data/。

但在观察日本对老挝的出口情况，特别是老挝对于日本产品的认知印象时，有两点是需要研究者特别注意的。第一，日本对老挝出口的数额低于中国，其原因首先在于日本的工业制成品在生产成本，以及向老挝运输的成本方面不如中国具有竞争力；其次，在于日本—东盟自由贸易协定中，老挝对于日本产品的降税比例低于在中国—东盟自贸协定给予中国的降税比例。但尽管如此，日本产品在老挝的口碑极佳，这也和本书的问卷调查结果高度一致。第二，如果考察日本产品作为经济要素对老挝的认知影响，则日本对老挝出口的数据实际上是被低估的。以在老挝口碑最佳的丰田汽车为例，其销往老挝的产品出于关税考虑，实际上几乎全部来源于丰田在泰国的工厂❶。但是从贸易数据中，无法将泰国的日资企业对老挝的出口剥离后再行计入日本在老挝的经济要素，因此对日本在老挝经济要素中的出口产品一项只能以当前数据进行计算。

3.3.2 日本对老挝的投资

日本在老挝的投资数额，以1989—2015年的整体情况计算，共计102个项目，金额4.38亿美元，在老挝的投资来源国中排名较为靠前。但以本书所覆盖的2008—2015年的数据来看，则可以发现日本近年来对老挝的投资幅度有所降低，8年中增加了34个项目共计1.21亿美元。以逐年计算，2008—2015年，年度投资额最高的是2013年，这是由于该年出现了位于波里坎赛省（Bolikhamxai）的一个大型农业项目。随后的两年中，日本每年仅增加了一个投资项目，金额也较低。与中国在老挝的投资金额比较，日本在老挝的投资额相差一个数量级，作为经济要素的显著程度远低于中国（见图3.9和图3.10）。

---

❶ 对于这一信息的准确性，西文哲奥拉布的研究中已有叙述，笔者在访谈过程中又多次咨询了与丰田在老挝的销售公司有大量业务往来的老挝外贸银行等企业的高管人员，确认了该情况的准确性。可参见：Syviengxay Oraboune，“Lao PDR and its North East Asian Development Partners：China，Japan and Korea”，2010.

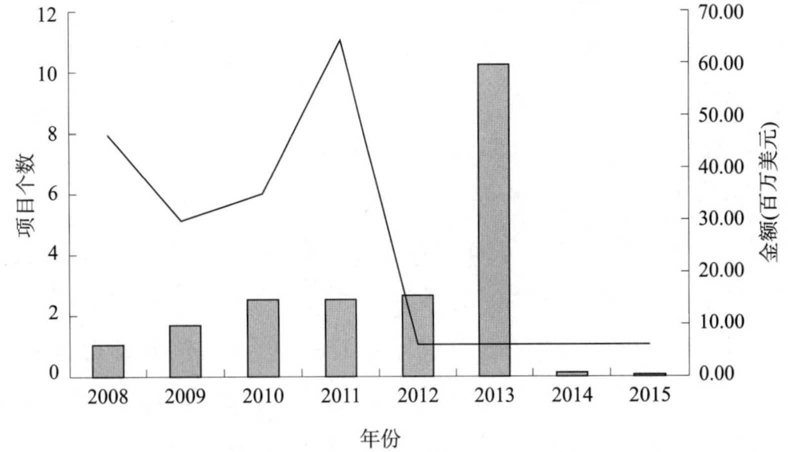

图 3.9　2008—2015 年日本对老挝投资逐年统计

数据来源：根据老挝计划与投资部内部数据整理制作。

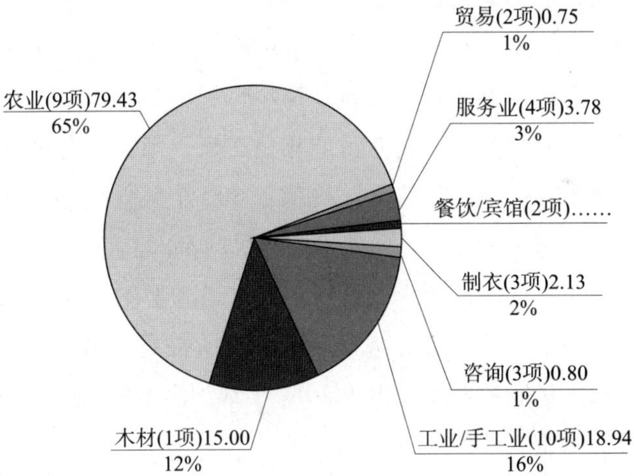

图 3.10　2008—2015 年日本对老挝投资分行业统计（单位：百万美元）

数据来源：根据老挝计划与投资部内部数据整理制作。

在投资行业的分布上，按金额计算，2008—2015 年日本对老挝投资最多的是农业项目，共计 7943 万美元，占比达 65%；其次为工业/手工业项目，共计 1894 万美元，占比 16%；再次为木材行业，为一个投资额较大的单独项目。据老挝方面给予的详细资料显示，该项目与波里坎赛省 2013 年的大型农业项目投资来源为同一家公司。从行业分布的整体情况上看，日本在近几年对老挝的投资中，行业覆盖远少于中国，矿业与水电行业完全没有涉及。

从投资的地域分布来看，近几年日本在老挝的投资仅覆盖了老挝9个省区；老挝北部与中国接壤的三省以及东南部最偏远的阿速坡省与色贡省（Xekong）两省完全没有日本资本进入。日本有限的投资项目大多集中于首都万象市以及人口最多的沙湾拿吉省；波里坎赛省由于前述的单个大型农业项目注资接近6000万美元，因此该省按投资额计算为日本投资最多的省份。

日本对老挝的投资分布不广，数额相对较少，原因主要在于日本投资者对于投资项目的审慎。日本对于投资环境尤其是投资地的基础设施建设水平关注程度较高，对于投资获利前景的评估也较为仔细，因此对老挝的投资多集中在首都地区，总额也较低❶。但是尽管投资数额与分布较少，日本的投资也呈现出独特的优势，尤其在于其较高的制造业水平对于老挝的技术溢出效应上。根据老挝方面给予的资料，日本在老挝的制造业近年有所增加，而且由于日本产品在老挝的较高评价，老挝方面对于日本的制造业投资较为关注。20世纪90年代进入老挝的铃木（Suzuki）在万象省设立的摩托车组装厂，于2011年增资50万美元。尼康（Nikon）公司也于2013年在沙湾拿吉省的经济特区投资800万美元建立了照相机工厂，承担部分低端与中端数码单反相机的制造工序；该项目为老挝提供了800个就业机会，并且由于其较高的知名度与技术水平，老挝从政府部门到民间都对其抱以较高的关注程度。当然，从日本的角度出发，则应该看到，日本制造业在老挝增加投资的动因，一方面，是老挝近年来的社会经济发展水平有所提高；另一方面，也不能忽视日本在泰国的大量制造业投资由于2011年泰国洪水的影响，使日本企业考虑到了分散投资的重要性❷。

---

❶ Syviengxay Oraboune，“Lao PDR and its North East Asian Development Partners：China，Japan and Korea”，2010.

❷ 相关信息整理自笔者对老挝外贸银行领导的访谈、老挝计划与投资部数据资料，以及公开的新闻报道。新闻报道可参见：“Japanese Investment Skyrockets In Laos”，*Vientiane Times*，2014－2－13，http：//jclao. com/japanese－investment－skyrockets－laos/，“Nikon established new factory in Laos and they give priority to Lao nationals when hiring”，*Vientiane Times*，2014－5－26，http：//investlaos. gov. la/index. php/news－and－events/item/2－nikon－established－new－factory－in－laos－and－they－give－priority－to－lao－nationals－when－hiring.

3.3.3 日本对老挝的发展援助

日本对老挝的ODA援助历史较长，金额也长期居于老挝的双边ODA来源的首位。自1991年起，日本对老挝的双边ODA援助实际金额每年都在7500万~9000万美元❶。直至2013年，日本在老挝的最大双边发展援助来源国地位才被中国取代（见图3.11）。

日本对老挝的ODA总体目标，包括协助老挝在2015年完成联合国千年发展目标以及在2020年摆脱最不发达国家地位❷。具体项目实施上，日本主要针对老挝的基础教育发展、医疗卫生服务、乡村地区的社会经济发展、森林资源的可持续利用、基础设施建设、人力资源发展，以及政府治理能力与制度建设的发展提供援助。在ODA援助的机制上，日本主要通过官方组织日本国际协力机构（Japan International Cooperation Agency，JICA）进行对外援助的具体实施。JICA主要负责无偿援助与技术合作项目的实施，日元援助贷款则由日本国际协力银行（Japan bank for international cooperation，JBIC）负责。项目的实施机制采取老挝政府向JICA提出申请的方式，JICA经筹划准备后将计划送交老挝政府进行审批，审批后开始执行。作为长期以来老挝最大的双边援助来源国，JICA在老挝的影响力很大，与老挝官方及民间的联系都较为紧密；JICA老挝办事处所在地也和老挝计划与投资部仅有一街之隔。日本对老挝的ODA项目监督较为严格，项目执行的每一步都有JICA的人员进行评估，如未能达到日方制定的标准，则会影响下一步的执行❸。在笔者对老挝政府官员的访谈中，受访人也提到这一情况并将其与中国对老挝的发展援助进行比较，认为中国比日本在具体援助项目的实施上效率更高，并认为这也与中日两国人员的行事风格差异有关。

❶ Minoru Makishima and Mitsunori Yokoyama，"Japan's ODA to Mekong River Basin Countries"，*Unpublished Conference Paper presented at JICA*，2003－10，http：//www. ide. go. jp/English/Publish/Download/Brc/pdf/01_japansoda. pdf.

❷ 日本外务省：Country Assistance Policy for Lao People's Democratic Republic（Lao PDR），2012－4，http：//www. mofa. go. jp/mofaj/gaiko/oda/files/000103003. pdf.

❸ Minoru Makishima and Mitsunori Yokoyama，"Japan's ODA to Mekong River Basin Countries"，2013.

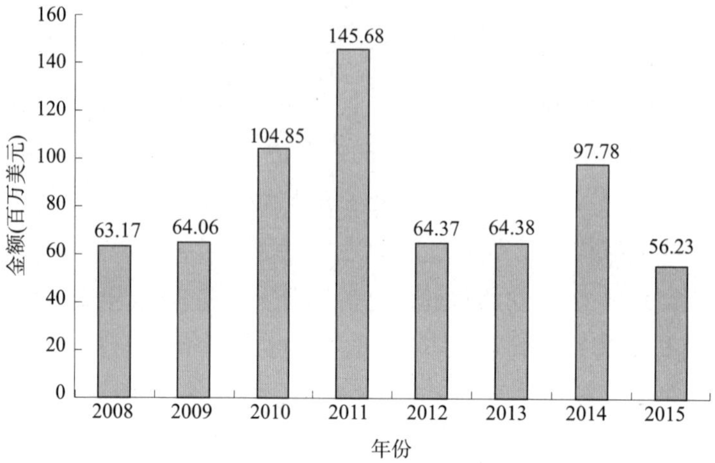

图 3.11　2008—2015 年日本对老挝发展援助金额

数据来源：根据老挝计划与投资部内部数据整理制作。

近年来日本对老挝援助的具体项目，在 JICA 的官方网站有极为详细的统计。在首都万象市，近年来的重点援助项目有万象市国际机场的扩建工程（2011 年提供 19 亿日元无偿援助，2014 年提供 90 亿日元援助性贷款，预计 2018 年完工），万象市城市公共交通系统（2011 年提供 5 亿日元无偿援助以及技术支持），万象市供水系统（2006—2009 年提供 2. 8 亿日元无偿援助），以及大量的人力资源培训项目。近年来在全国范围内，日本提供了大量的乡村基础教育、环境保护、道路桥梁以及供电系统建设的援助项目，覆盖范围遍及老挝全部省区。此外，近年来尽管日本在老挝没有直接对水电项目进行商业投资，但却在一些水电项目中给予老挝资金援助或援助性贷款。其中，距首都万象市最近的 Nam Ngums 水电站，一直以来承担着供应首都地区用电的职能；日本除在该水电站最早的建设阶段（早于老挝人民民主共和国成立）以及 20 世纪 80—90 年代的扩建中给予资金援助外，又于 2013 年再次向该水电站提供 55 亿日元的援助性贷款，用于水电站扩建工程❶。

3. 3. 4　日本向老挝流入人员情况

日本赴老挝的人员数量相对较少，按老挝旅游统计报告的数字显示，近

---

❶ 信息整理自 JICA 官方网站，参见：https：//www. jica. go. jp/laos/english/office/others/map. html。

几年来日本占当年全部入境老挝人数的 1% 上下，但自 2009—2013 年呈现稳定增长的趋势。2013 年后，日本赴老挝的人数略有下降，2015 年达 43826 人，不及中国入境老挝人数的十分之一（见图 3. 12）。

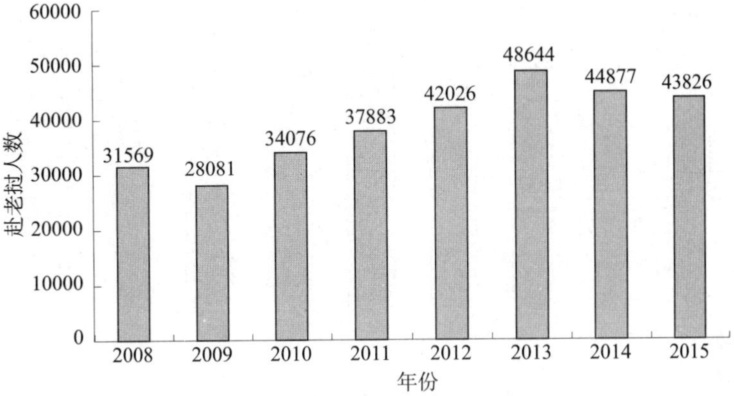

图 3. 12　2008—2015 年日本赴老挝人员

数据来源：2014 Statistical Report on Tourism in Laos，2015 Statistical Report on Tourism in Laos。

由于统计数据限制，同样无法对日本赴老挝人员按签证类型分别计算。但根据笔者的调查与访谈问卷的结果，与旅游及运输相关的老挝企业极少提到日本游客的情况，因此可以大致判断出日本赴老挝旅游的人员不多。由于日本没有直达老挝的航班，赴老挝旅游较为不便。同时，考虑到日本在老挝众多的 ODA 项目，以及为数不多的投资项目，相信赴老挝的日本人中有一定的比例是与 ODA 项目相关的工作人员及商业人员。然而，尽管日本在老挝人员数量不如中国多，但由于较注重公共秩序且注意尊重老挝的社会与文化习惯，老挝对日本人员的评价一般较高，这在本书的问卷结果中得到大量体现。

3. 4　韩国经济要素在老挝的表现

3. 4. 1　韩国对老挝的出口

近年来韩国对老挝的货物出口也呈增加趋势。从联合国的统计数据上看，2010 年起，韩国对老挝的出口额提高超过一倍，达 1. 12 亿美元。这与韩国—

东盟自由贸易区在2010年生效这一因素高度相关。此后，韩国对老挝的年出口额均保持在1.50亿美元以上，占老挝总进口额的2%上下（见图3.13）。

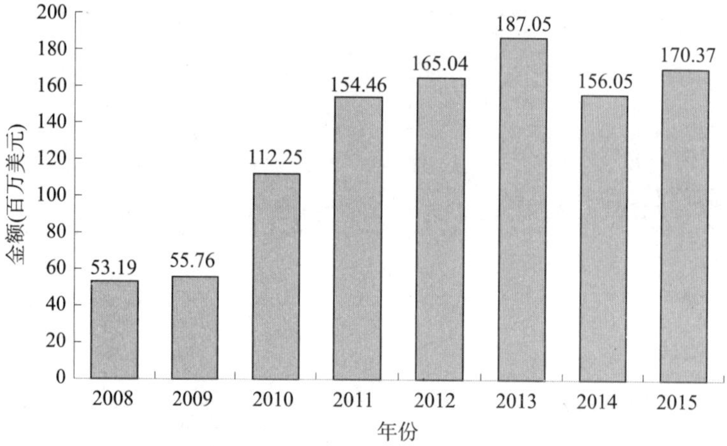

图3.13　2008—2015年韩国对老挝出口逐年金额统计

数据来源：https：//comtrade. un. org/data/。

在出口结构上，韩国对老挝的出口也与中国、日本对老挝的出口类似，工业制成品占绝大多数。其中，机械与运输设备（SITC7类）占超过90%以上，其次为按原料分类的制成品（SITC6类）占比3.5%，以及杂项制成品（SITC8类）占比1.9%。在这几类制成品中，汽车与电子产品占据一定比重，这些产品也是韩国在亚洲甚至世界贸易中较具竞争力的产品（见图3.14）。

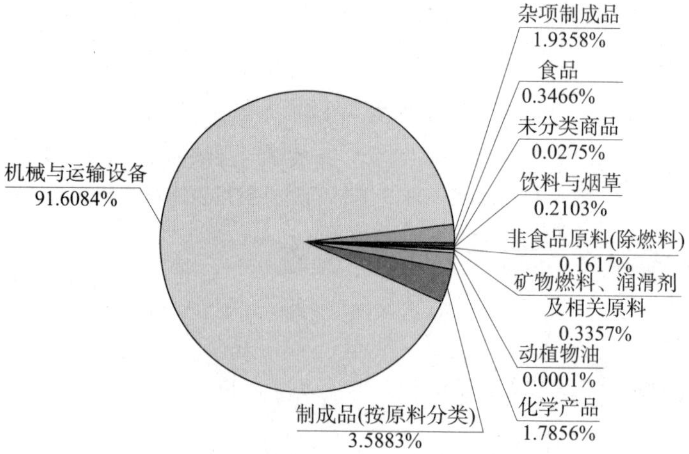

图3.14　2008—2015年韩国对老挝出口商品分类（SITC分类标准）

数据来源：https：//comtrade. un. org/data/。

需要特别指出的是，近年来，韩国在老挝的汽车市场中占据越来越高的比重，已经与传统上最受老挝欢迎的日本汽车品牌形成竞争关系。这与韩国现代与起亚汽车在老挝的经销商 KOLAO 公司近年来的市场开拓密不可分。将在投资的部分对 KOLAO 公司在老挝的经营作为案例进行专门介绍。

3.4.2　韩国对老挝的投资

韩国在老挝的投资较为显著，以 1989—2015 年的整体数据来看，韩国在老挝的投资金额与项目总数均位居老挝外资来源国的第四位。从 2008—2015 年的数据来看，韩国 8 年来总计向老挝投资 3.9 亿美元，超过之前 20 年对老挝投资的总和。2012 年，韩国对老挝投资额增加 1.36 亿美元，为历年最高，但之后的 3 年则大幅减少；根据老挝计划与投资部的数据，2015 年韩国对老挝没有新增任何投资项目（见图 3.15 和图 3.16）。

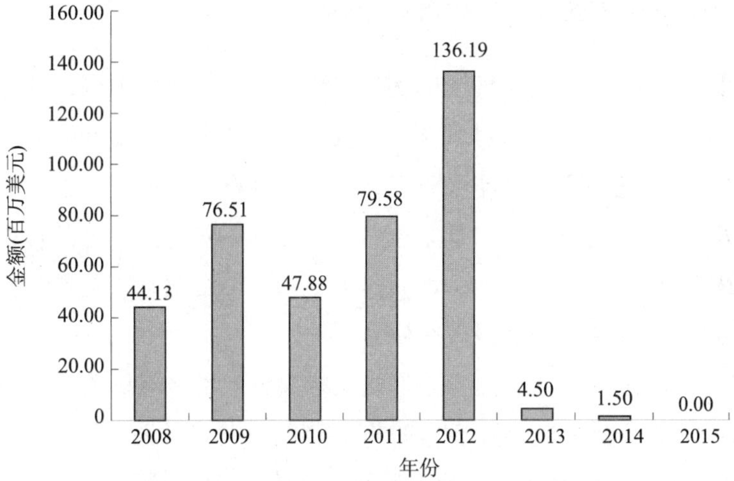

图 3.15　2008—2015 年韩国对老挝投资逐年统计

数据来源：根据老挝计划与投资部内部数据整理制作。

在投资行业的分布上，2008—2015 年韩国对老挝的投资行业较多，覆盖农业、工业与服务业部门。其中，电力项目投资按金额占比最高，主要因为韩国在占巴塞省（Champasak）与老挝合资投入一个大型水电项目，韩国方面出资 51%，达 1.3 亿美元。此外，农业项目占投资金额的 19%，达 7200 万美元，工业项目与服务业项目各占 13%。与中国、日本在老挝的投资结构相比，韩国近年来的投资行业分布较为平均，没有出现单独一个行业占居投资总比重超过50%的情况（见图3.16）。

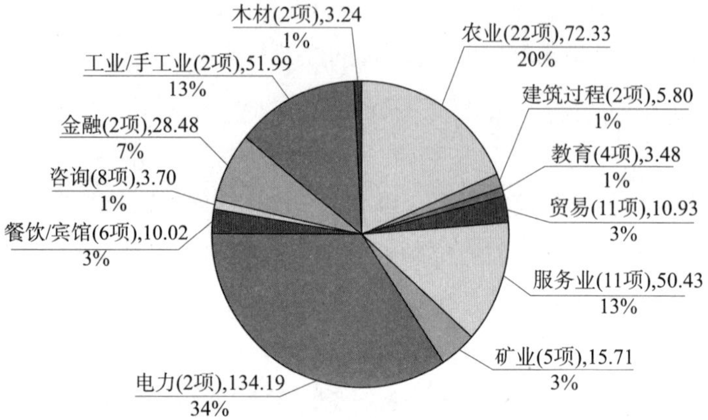

图3.16　2008—2015年韩国对老挝投资分行业统计

数据来源：根据老挝计划与投资部内部数据整理制作。

在投资的地域分布上，韩国的项目多集中于首都万象地区，共计54个，金额1.2亿美元，此外在占巴塞省、万象省和沙湾拿吉省投资较多。矿业方面，韩国投资也有涉及，在华潘省以及川圹省各有一个矿业项目，但规模远小于中国的巨型矿业项目。与日本类似，韩国近年来的投资也没有涉及老挝北部靠近中国的省区以及东南部的阿速坡等省区。由此可以看出，韩国投资也相对偏好老挝基础设施建设较充分的地区。

在具体的投资项目上，近年来韩国在老挝企业中最值得关注的当属前文提到的KOLAO公司。该公司于1999年在老挝沙湾拿吉省投资汽车组装厂，又于2003年起在老挝组装生产自有品牌的摩托车产品。该公司的业务在随后数年内逐步发展壮大，业务逐渐扩展到绿色能源（生物柴油）以及进口汽车销售（作为韩国现代与起亚在老挝的经销商）等领域。2008年，KOLAO涉足金融领域，斥资1840万美元，在万象市全资成立了印度支那银行[1]，利用该银行为KOLAO公司在老挝销售的现代与起亚汽车提供消费信贷业务，向购车者提供10%首付的5年期购车贷款，使老挝普通民众有能力购买汽车，

[1] 整理自KOLAO公司官方网站http：//eng.kolaogroup.com，以及老挝计划与投资部提供的资料。

极大地推动了这两个品牌在老挝的销售，2013 年现代—起亚品牌超越了日本丰田在老挝的市场份额。2010 年，该公司的股票在韩国证券交易所上市。此后，KOLAO 又开始涉足整车组装制造，在老挝建立了自有的汽车品牌。同时，该公司还在亚洲其他国家设立分公司，与中国一些汽车制造企业也有业务合作。据韩国官方的估测，KOLAO 公司业已成为老挝规模最大的非国有企业。[1] KOLAO 在老挝的成功常被当作外国企业在老挝投资的典范；在笔者对老挝政府官员的访谈中，很多高级别领导在谈到韩国在老挝的经济要素存在时，也对 KOLAO 及其子公司印度支那银行多有称赞。

3.4.3　韩国对老挝的发展援助

韩国一直以来也是老挝的主要双边 ODA 来源之一，尽管在金额上比日本有一定差距，但根据老挝方面的统计数据，韩国给予老挝的 ODA 金额自 2005 年起大幅增加，至 2011 年，始终保持在每年 3000 万美元左右。2012 年，韩国对老挝的 ODA 金额增长一倍多，达到 6530 万美元，但此后又大幅下降（见图 3.17）。目前与中国以及日本相比，韩国对老挝的援助额较低，新增项目不多，但仍对老挝具有一定的影响力。在笔者的访谈中，老挝的商界与政府官员对韩国 ODA 也多有评价。

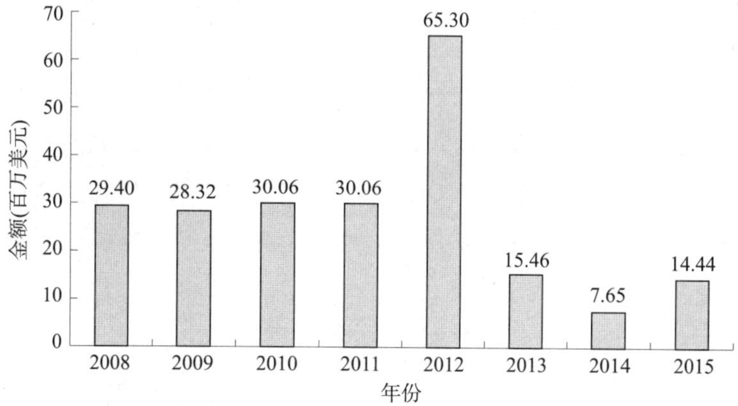

图 3.17　2008—2015 年韩国对老挝发展援助金额逐年统计

数据来源：根据老挝计划与投资部内部数据整理制作。

[1] Kanga Kong, "Why Laos Is Hyundai/Kia Country", *The Wall Street Journal*, 2013-10-30, http://blogs.wsj.com/korearealtime/2013/10/30/why-laos-is-hyundaikia-country/.

在对老挝提供ODA的机制上，韩国与日本较为类似。与日本设立官方组织“国际协力机构”相似，韩国也有性质相同的“韩国国际协力团”（Korea international cooperation gagency，KOICA），负责对外援助事务中的技术合作与无偿援助。同时，韩国的双边援助性贷款则由经济发展合作基金（Economic Development Cooperation Fund，EDCF）通过韩国进出口银行（Korea Eximbank）向受援国提供。与日本JICA一样，KOICA也在老挝设有办事处，负责与老挝官方的具体ODA事务，其位置也距老挝计划与投资部较近。

在援助的具体内容方面，韩国对于老挝的援助项目多为教育与人力资源方面的支持；根据老挝计划与投资部的统计，2001—2007年，韩国提供的援助中，对于老挝教育的援助金额每年都占当年援助总额的一半以上。[1] 近几年的数据没有这方面的具体比例，但通过对老挝政府相关部门领导的访谈，可以得知，近年来韩国对老挝的援助中，老挝基础教育的扶持以及对老挝政府部门的人力资源培训是主要部分。2011年，老挝的证券交易所正式运营，这也成为老挝市场化改革的重要标志，而韩国在老挝证券交易所的建设中发挥了至关重要的作用。自该证券交易所的动议与筹备阶段，KOICA为老挝提供了大量的人力资源与技术支持，包括为老挝培训相关专业人才[2]。老挝证券交易所的最终建成与运营，也与韩国的人力与技术支持密不可分。实际上按老挝计划与投资部给予的资料显示，老挝证券交易所是由老挝中央银行与韩国证券交易所合资成立的，老方持股51%，韩方持股49%，而韩方的出资大部分是人力资源培训方面的投入。此外，从KOICA的官方网站中检索，也可以发现韩国对老挝最近的一项ODA项目仍是对老挝政府官员的培训合作项目，邀请老挝计划与投资部国际合作司的主要领导以及所辖各处的主管官员赴韩国进行为期14天的培训。[3]

---

[1] Syviengxay Oraboune，“Lao PDR and its North East Asian Development Partners：China，Japan and Korea”，2010.

[2] KOICA官方网站：“Stock exchange System Promotion（LAOS）”，2008-9-25，http://www.koica.go.kr/english/board/new/1211570_1967.html.

[3] KOICA官方网站：“Capacity Building for Human Resource Development on ODA Management（Lao PDR）”，2016-8-30，http://www.koica.go.kr/english/board/whats_new/1322492_3545.html.

3.4.4　韩国向老挝流入人员情况

韩国近年来一直致力于老挝旅游业的开发，因此赴老挝的人数逐年大幅增长。根据老挝旅游统计报告的数字，韩国2015年赴老挝的人数达到165328人，比2008年增长近9倍（见图3.18）。尽管与中日两国赴老挝人员的情况一样，目前完全没有按签证类型分类的统计数据，但可以合理地推测，韩国赴老挝的人员中，游客所占的比例应高于中、日两国赴老挝人员中的游客比例。首先，韩国的旅游业在老挝投资较多，在老挝全国范围内的旅游目的地，随处可见韩国旅游团及散客，在首都万象市更是可见大量的韩国旅行社及旅游观光车出现，而且韩国首尔仁川国际机场有直达老挝万象市的航线，该航线上不仅有韩国大韩航空下属的真航空（Jin Airlines）运营的航班，还有老挝航空公司（Lao Airlines）运营的航班，班次相当密集，这也为韩国旅游业在老挝的经营带来便利。其次，在本书的问卷结果中，老挝商界的问卷多有提及韩国游客的情况，出现频率远高于对中日两国游客的提及，因此可以大致地做出上述的判断。

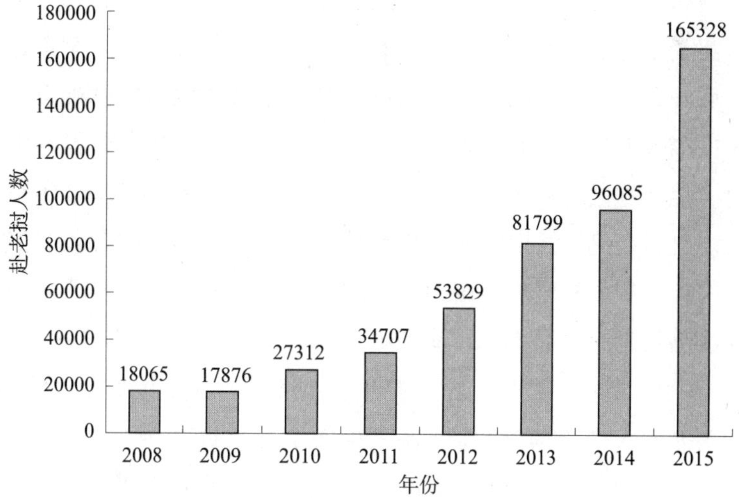

图3.18　2008—2015年韩国赴老挝人员

数据来源：2014 Statistical Report on Tourism in Laos，2015 Statistical Report on Tourism in Laos。

3.5 本章小结

在本章中，明晰了本书对于“外国经济要素”的定义与测量方法，并相应的对中日韩三国自2008—2015年对老挝的出口、投资、发展援助、人员流入情况进行了全面梳理。通过这些数据与案例介绍，对三个国家在老挝的经济要素存在情况进行较为直观的认识与比较。

从本书定义的经济要素的四项组成部分来看，中日韩三国都在老挝具有足够的显著性；如果对中日韩的数据进行横向比较，则可以发现三国在老挝的经济要素既有相似之处，也有不同之处。首先，在对老挝的出口上，中日韩对老挝的出口贸易结构高度相似，都是以机械、交通运输、电子等工业制成品为主；但是从数额上看，中国对老挝的出口额数倍于日本与韩国，这既与中日韩各自和东盟建立的自贸区之间不同的关税水平有关，也与中国和老挝接壤、因而贸易运输较日韩便捷有关，同时也和中国产品价格相对低廉、更易被老挝消费者接受不无关系。其次，在对老挝的投资方面，8年来中国每年投资额都远远高于日本与韩国，投资项目范围也远大于日韩，项目数量也最多，甚至老挝的一些经济特区也有中国资本参与建立或是全资建立。在投资的地域分布上，中国的投资项目遍及老挝全部省区，在基础设施建设较差的地区也多有大型的矿业、水电等项目，而日韩近8年来的投资则大多只覆盖老挝中南部省区，对于老挝北部与中国接壤的三省，日韩近年来完全没有投资。再次，在发展援助方面，尽管日本对老挝ODA历史较长，但中国对老挝的援助近几年大幅增加，援助项目的单个规模也较大，2015年中国向老挝提供的数额甚至超过日本2013—2015年的总和，而韩国对老挝的ODA金额则远低于中日两国，且其对老挝的ODA项目多为人力资源培训等方面。最后，在赴老挝的人员数量方面，8年来中国增长了近4倍，韩国增长了近9倍，日本则相对稳定。以数据最近的2015年来看，中国赴老挝的人数是日本的10倍以上、韩国的3倍以上。从赴老挝人员的类别来看，尽管目前没有确切的统计数据，但以现有的研究情况以及本次研究访谈问卷的情况来看，中国赴老挝人员多为商务、劳务人员，而韩国以游客居多。

通过以上的对比，可以看出，中日韩的各项经济要素在老挝的表现中，中国无论是从深度还是广度都是最为显著的，几乎覆盖了老挝的各个领域。这样全面而深入的对一个国家的经济影响力，究竟会令该国对其形成什么样的认知？而外国经济要素在数量上的变化，又会使本国的认知产生何种变化？“经济正向认知”或“经济威胁认知”这样的较为一致性的趋势性变化是否存在？下一章介绍老挝对中日韩经济要素认知的界定与测量方法，并通过实证性的数据进行研究分析，试图回答这些问题。

第 4 章　老挝对中日韩经济要素的认知及其定量分析

通过近年来对中日韩三国在老挝的各类经济要素的情况进行收集归总与整理，笔者对上述三个经济体在老挝的经济影响力有了直观的认识。本章通过大量问卷调查与访谈获得的一手资料，构建出作为结果变量的“老挝对中日韩经济要素的认知”。在详细介绍问卷与访谈的设计、覆盖范围、访谈结果的量化等问题后，对原因变量与结果变量的关联分别进行静态和动态的分析，找出中日韩的经济要素与老挝对中日韩的经济形象的认知之间的关系，以验证本书第 2 章中提出的假设。

4.1　本书对认知及其变化的界定与测量

4.1.1　访谈与问卷设计

第 1 章已经提到了本书对访谈与问卷的大致设计。正如在第 1 章中所介绍的，在受访对象的选择以及问卷访谈的问题设计上，充分考虑到了尽最大程度的努力保证问卷调研的效度与信度，既保证选取的受访对象对于本书的问题具有足够的代表性，又保证问卷回答的质量与可信度。在第 2 章对国际关系学的认知理论的梳理中，可知现有的相关研究大多采取广泛向研究对象国的民众发放对于某国的总体认知问卷的方法，而认知理论又强调在政治认知中，个体由于经验差异，常常具有太多的不确定性[1]，因此在受访对象的

[1] ［美］戴维·霍顿：《政治心理学：情境、个人与案例》，尹继武、林民旺译，中央编译出版社 2013 年版，第 161 页。

选择上，放弃了向老挝民众按各省人口比例发放问卷的设想，转而采用向老挝全国各地的各类本国企业与中央政府的经济决策相关部门官员发放问卷。与个人相比，企业的高管人员或所有者会更加关注外国在本国的经济交往情况，因此受其他影响外国国家形象的因素干扰较个人更少一些，对外国经济要素的观察与接触也会更多一些，因此问卷回答的质量比个人要高。对于政府部门的选择，也本着只选取与经济决策相关部门的原则进行调研，力求受访人能够既与研究包括的经济要素相关，又能对外国经济要素的认知做出较为客观中立的回答。

对于问卷的设计，充分考虑到了效度的保证。在每一份问卷的第一部分，首先较为简洁明了地对希望进行研究的问题做出了限定性极强的描述，即中日韩与老挝的经济交往（没有使用“经济要素输出”或“流入”之类的词语，以免造成受访人的负面印象）中，对老挝的出口、投资、发展援助（ODA）、赴老挝的人员的情况。同样的描述也在第二部分重复，目的是再次强调对认知的限定，借此提醒受访人只对中日韩在老挝的经济交往做出评判，不再考虑经济交往以外的认知因素。提问方面，问卷请求受访人首先对中日韩在老挝的上述情况给出一个综合性的认知印象排名，指出认为其中哪一个国家在老挝的经济要素最受欢迎，之后则请求受访人对三个国家在 2008—2015 年与老挝的经济交往的认知印象进行逐年评分。第三部分则请受访人对中日韩在与老挝的上述经济交往中的正面与负面情况进行开放性评述。同时，对企业和政府官员的问卷稍有区别：在对企业的问卷中，会请受访人就企业与中日韩中的哪一个国家的业务往来最为密切进行回答；对官员的问卷则会请受访人对中老铁路项目的认知态度做出开放性评述。尽管问卷的长度直接影响其信度，但考虑到受访人的文化水平差异以及问卷烦琐程度对结果回收的影响，没有在问卷中列出更多、更细致的提问，以免受访人出现反感情绪而放弃对问卷的回答。

同样出于对效度的考虑，在对问卷结果的客观性的保障上，笔者在调研过程中，基本上是以老挝本国学者的名义进行问卷发放，对重要企业领导及高层官员的直接访谈也是在与其关系较近的老挝本国友人的陪同下进行，并隐去了笔者本人的身份背景，力求受访人做出不受外部因素干扰的回答。同时，在调研的始终，对于每一个受访对象，都对其保证采取匿名回答的方式；

对企业的问卷，仅记录该企业的所在省份、企业大致雇员人数、所在行业；对官员的问卷，仅记录其所在的部委与职级❶，其余一概不做提问，既尊重了老挝的文化习惯，也充分保障了受访对象的隐私。

4.1.2 访谈与问卷的覆盖范围与筛选

本书的问卷调查与访谈在范围上力求尽可能全面，因此通过种种努力，并依靠老挝外贸银行的业务网络，最终对企业公司的问卷覆盖了老挝 18 个省区中的 15 个，经过筛选后收录共计 13 个行业的 174 份问卷，受访公司的规模从全国性的大型企业到规模较小的商业单位皆有涉及（见表 4.1）。在对政府官员的访谈与问卷调查部分，涵盖了老挝工商业部、计划与投资部、邮政与电信部、公共工程与交通部、中央银行、总理办公厅，以及老挝人民革命党中央经济政策参谋机关，当面访谈或问卷访谈包括 4 位部级领导、23 位司级领导在内的 44 名官员。

表 4.1 本书问卷访谈覆盖面统计

访谈单位类型	问卷个数	访谈单位类型	问卷个数
农牧业	4	中央银行	1
制造业	4	工商业部	14
医疗	2	计划与投资部	11
商业服务	10	邮政与电信部	9
商业流通	57	公共工程与交通部	7
建筑工程	15	总理办公厅	1
教育	1	党中央经济政策部门	1
旅游及相关服务	25	—	—
电信	5	—	—
能源	8	—	—
运输	4	—	—
进出口	26	—	—
金融	13	—	—

❶ 老挝公务员的职级分为 6 级，1 至 5 级为每级 15 等，按其职务与工资等级综合计算，6 级为党和国家级领导人。由于这一职级体系无法简明地显示老挝受访官员的领导职位，故本研究未使用该分级制度进行记录，而是按其管辖的部门等级（ministry，department，division，section）相对应的中文习惯称谓（部、司、处、科）进行记录。对于老挝公务员制度的研究，可参考陈玲：《老挝公务员制度探析》，《东南亚纵横》，2011 年第 5 期；梁洨洁、［老挝］王高：《浅析老挝的公务员制度与改革趋势》，《东南亚纵横》，2008 年第 4 期。

对于企业问卷的样本比例，由于无法找到近年来老挝本国企业总数的可靠数据，也无法预测最终收回并筛选的有效问卷数量，因此本书在笔者能力所及的范围内，通过以老挝外贸银行为主的各种渠道，尽可能多地向各主要城市以及偏远地区发放问卷。访谈的行业也力求广泛，总计发出的问卷数为 500 份左右，但由于除首都万象市以外的各地在发展水平、文化水平等方面的限制，较为偏远地区的问卷返回比例较低；在 174 份最终收入研究的问卷中，约一半来自首都地区，其次为琅勃拉邦省以及距首都地区较近的甘蒙省（Khammouae）。在收回问卷的企业行业中，各行业间的问卷数量也有较大差异，这一方面是由于某些行业（如农牧业）的受访对象出于文化水平方面的原因，回应访谈的意愿不高，因此问卷返回率较低；另一方面与老挝本国企业的行业分布本身就不平均有关，如制造业、私营教育机构、医疗机构等，相对于其他行业，本国资本较少，多为外资经营。最后，通过老挝外贸银行总行的数据系统进行查阅，确认近几年来老挝本国的商业机构在该行的活跃商业账户不超过 1000 个，而该行在老挝银行业的规模远超其他任何银行；在此基础上，基本可以判断出，本次研究对老挝企业公司的问卷样本比例在总体上已处于较为可置信的程度。

对于政府官员的问卷样本比例，则无法进行估算，但由于访谈对象多为较高级别的主管领导，且调研所选择的 7 个部门在老挝的经济决策中具有举足轻重的地位，因此应该认为具有很大程度上的代表性。

需要特别指出的是，本书对于所收回的问卷，为最大程度保证其可靠性，在整理过程中逐份采用人工方式进行了信度校验。笔者本着最为严谨的态度，对每一份收回的有效问卷都花费大量精力进行人工筛查，对其在第一、二部分给出的对中日韩经济要素的认知评价排名与评分和其在第三部分中的开放性评述进行内容上的比对，对于回答内容中的评分、排名与开放性评述不相符的问卷（如对一国评分较高但在开放性评述中却对该国经济要素评价很负面），一一剔除，最终选取的 218 份问卷，都是在三个部分的回答中高度一致的。

4.1.3　本书对“认知”的量化方法

由于本书试图将老挝对中日韩的经济形象的认知与中日韩在老挝的经济

要素进行定性和定量两种分析，因此除对收回的问卷中的开放性评述与访谈的文字内容进行定性分析之外，还需要采用合理的方法将认知进行定量化的处理，以便对其进行数据分析。

之前已经述及，在问卷中，对于“认知”的调查结果是由三部分组成的：第一部分是封闭性的回答，即受访人对中日韩三国在老挝的经济要素做出评价排名（在对企业的问卷中，另有对其与中日韩三国中的哪一国业务往来最为紧密的提问）。第二部分是对中日韩三国家在老挝的经济要素的逐年评分，分值限定在0～10（0为最负面，10为最正面），这样的评分区间也符合亚洲各国的习惯。第三部分则是对中日韩三国在老挝的四项经济要素的开放性的评述（在对老挝政府官员的调查问卷中则另有对中老铁路项目的开放性评述）。对于第一部分，可以直接进行采用，并与中日韩三国在老挝的经济要素存量进行比对分析。第三部分的评述，可以采取文本分析的方式通过编码寻找共性较高的认知评述。第二部分的评分则需要进行一定的处理，因为企业的规模不同，所能够代表的老挝本国经济要素（尤其是资本和劳动力）的程度自然不同，规模大的企业应该在评分统计中加入更高的权重；政府官员的评分亦是如此，较高级别的领导不仅职权更高，而且与外国经济要素的接触更广泛深入，评分也应赋予更高的权重。因此，决定采用加权平均的方法，处理认知评分的这一部分数据，从而更为科学地体现出老挝总体上对中日韩三国在老挝的经济要素的认知变化趋势。

4.2　老挝对中日韩经济要素认知的静态分析

从第3章的各项统计数据中，已知中国在老挝的经济要素存量是最为显著的，以金额计算，较日本与韩国多出数倍，投资以行业分布与地区分布计算，也较日本、韩国广泛，人员流入量也是如此。因此可以确信，中国在老挝的经济要素是最为显著的，如表4.2所示。

表 4.2　2008—2015 年中日韩在老挝经济要素比较

国别	平均年出口额 （亿美元）	投资存量 （亿美元）	ODA 总额 （亿美元）	平均年人员流入 （人次）
中国	9.14	46.87	7.99	240686
日本	0.98	1.22	6.61	38873
韩国	1.32	3.90	2.21	61875

然而，最为显著的经济要素存在，与老挝对此的认知评价之间是否存在关联，还需要从问卷获取的数据中进行整理及比对。首先将问卷中的第一个问题，也就是受访者对中日韩在老挝经济要素的整体认知的排名进行统计（见图 4.1）。

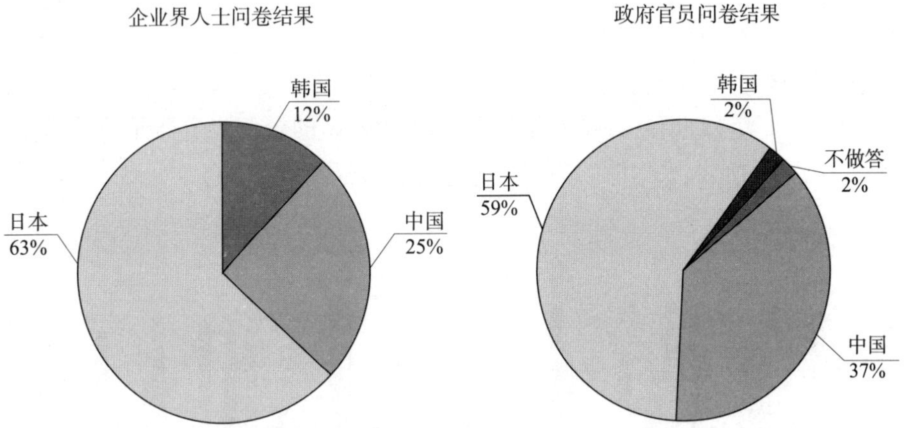

图 4.1　问卷调查结果：老挝对中日韩经济要素的整体认知评价

由此可见，尽管日本在老挝的四项经济要素中，三项都是数额最低的，但老挝企业与政府官员评价日本的经济要素正面的比例却最高。评价中国经济要素最为正面的比例低于日本，但老挝企业与政府官员的数据有一定差距，政府官员对中国好评的比例高于企业。选择韩国经济要素最正面的比例最低。

以全部受访者进行划分，对 2008—2015 年评分的加权平均值以及企业问卷中“与哪一个国家的业务往来最密切”的调查结果，与老挝给中日韩经济要素的认知印象排名进行比对（见图 4.2）。

图 4.2 所显示的结果与问卷第一个问题的结果类似，证明中国在老挝的

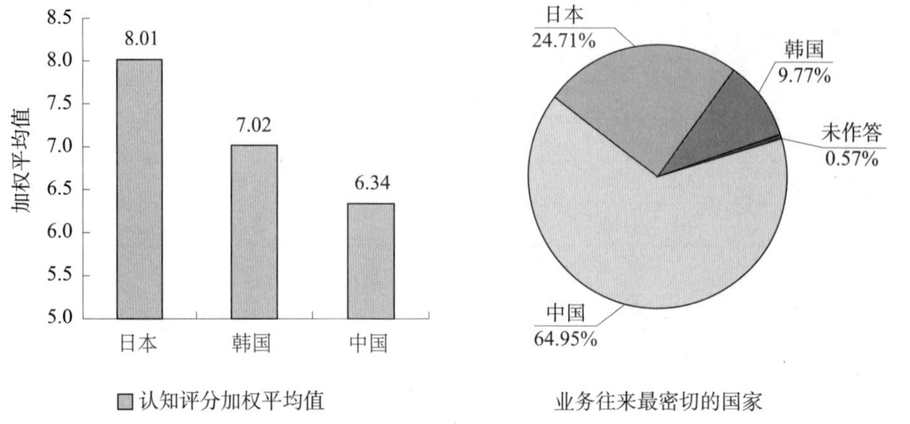

图 4.2　问卷调查结果：老挝与哪一个国家的业务往来最密切（以受访对象划分）

经济要素最为显著，与老挝的经济交往也最为密切，日本在三个国家中的认知评价最高。

再以地域进行划分，将问卷覆盖的 15 个省区的企业给中日韩三国经济要素认知评分的加权平均值的差值进行分析比对（见表 4. 3）。

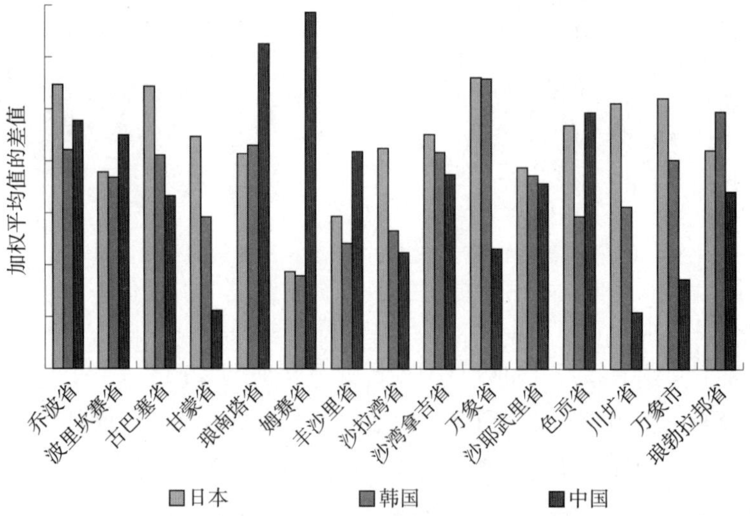

图 4. 3　问卷调查结果：老挝与哪一个国家的业务往来最密切（以地域进行划分）

考虑到各个省区的受访人对于中日韩三国经济要素的认知之间存在横向的差异，因此各省评分的绝对值并不能具备充分的解释力。

最后，以行业进行划分，对受访企业给中日韩经济要素认知评分的加权平均值的差值进行分析比对（见表 4.4）。

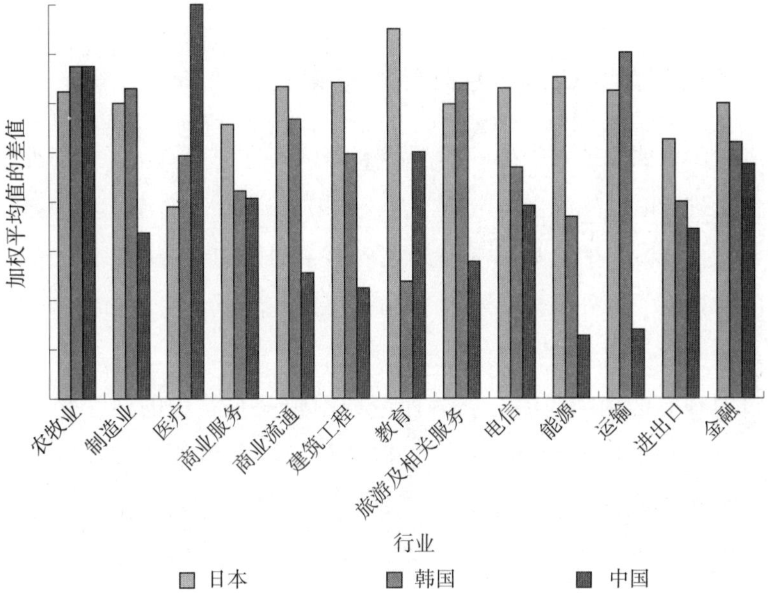

图 4.4　问卷调查结果：老挝与哪一个国家的业务往来最密切（以行业进行划分）

由图 4.4 可见，在各个企业行业中，中国获得的认知评分在大部分行业中也是最低的，仅在农牧业、医疗、教育三个行业部门中获评较高，然而医疗与教育两个行业，仅分别获得了两份及一份有效问卷，因此说明力非常不充分。

但是，对于证明在本书中提出的四种研究假设中的任何一种，这些分析都是不够充分的。中国在老挝的经济要素最多，获得老挝的总体评价最低，这是否就意味着类似“经济威胁认知”的规律的存在？显然，通过静态分析是无法说明这一问题的；而且尽管老挝对中国的经济形象的认知与对日韩的经济形象的认知之间存在差距，但也无法证明在趋势性上具有中国经济要素越增加，则老挝对中国经济要素的负面评价越显著的规律。因此，需要对中日韩三国在老挝的经济要素与老挝对其认知的变化进行时间序列上的动态分析，以期找出老挝对中日韩的经济要素认知在增量层上的动态变化趋势，并检验三个国家的结果在动态变化上是否具有共性。

4.3 老挝对中日韩经济要素认知的动态分析

4.3.1 受访对象总体对中日韩经济要素认知的动态分析

为进一步说明老挝对中国的经济形象的认知这一问题，必须对原因变量和结果变量进行时间序列上的分析。毕竟外国经济要素的流入并不是一蹴而就的，其增加或减少的趋势对本国的经济形象的认知会造成影响，而在数据可获得的前提下，对外国经济要素与本国对其经济形象的认知进行量化动态分析则是说明这一问题的不二之选。

通过对现有的国际政治经济学理论和国际关系学中的认知相关理论的总结，以及对现实世界的充分观察，确认了外国经济要素与本国对其认知之间存在的因果联系。在此基础上，建立了一个简洁的数量分析模型，假定中日韩在老挝的经济要素数额与老挝对其经济形象的认知评分之间存在函数关系，以期验证这种因果联系的趋势性，即外国经济要素流入本国的数量变化究竟引起本国对其认知态度的正向变化还是负向变化。数学表达式如下

$$f(\mathrm{EE}) = P$$

$$\mathrm{EE} = \mathrm{EX} + \mathrm{FDI} + \mathrm{ODA} + I \times \alpha$$

$$P = \frac{\sum_{i=1}^{n} \mathrm{corp}_i \times r_i + \sum_{k=1}^{m} \mathrm{gov}_k \times r_k}{\sum_{i=1}^{n} r_i + \sum_{k=1}^{m} r_k} \tag{1}$$

其中，EE 为外国经济要素当年在老挝的数额，EX 为当年对老挝的货物出口额，FDI 为当年在老挝的投资存量，ODA 为当年在老挝的发展援助金额存量，I 为当年赴老挝的人员数量，α 为一个系数，代表该经济要素输出国当年人均 GDP（PPP）的 5%。对原因变量进行这样的量化，主要考虑到的是出口至老挝的产品中，难以区分产品的使用年限，因此不宜作为存量计算；而投资与发展援助的影响则一般是长久的，因此按逐年累加的存量方式计算。对于人员流入，由于现有数据无法按签证类型对其进行短期入境与长期驻留

的区分，因此只得将其按每年入境人次乘以该国当年人均 GDP（PPP）的 5%转化为金额计算，不进行逐年累加；同时，考虑到贸易与投资中的金额实际上已经包含了长期驻留老挝的人员的经济影响，所以对人员流入以上述方法进行量化是较为恰当的。

结果变量的量化方面，P 为老挝全部受访对象对中日韩三国经济要素的总体认知评价，corp_i 与 gov_k 分别代表每一个企业与政府受访对象给出的 2008—2015 年的逐年评分值，r_i 与 r_k 为每份企业届人士与政府官员的认知评分按其企业规模或官员职级相应赋予的权重，而 n 与 m 分别为企业与政府官员两部分受访对象的总数。将企业按雇员大致人数的区别分为四个等级，分别按 1 倍、5 倍、20 倍、50 倍赋予权重，政府官员的评分按职级（部级、司级、处级、科级）分别赋予 50 倍、30 倍、10 倍、5 倍的权重，以此对认知评分进行加权平均计算。

考虑到认知评分与经济要素统计数字之间的数量级相差过大，对经济要素 EE 的数量单位以亿美元计。按上述计算方法，将原因变量与结果变量的数据整理，如表 4.3 所示。

表 4.3　原因变量与结果变量的数据

年份	中国		日本		韩国	
	EE	P	EE	P	EE	P
2008	12.80987	5.727105	1.860886	7.492599	1.526594	6.064292
2009	17.50348	5.834875	2.652224	7.732655	2.594963	6.181776
2010	28.43340	6.058742	3.847036	7.852451	4.101581	6.742831
2011	34.91481	6.346901	5.690758	8.103145	5.747709	7.084644
2012	46.19319	6.302960	7.189439	8.128122	8.192050	7.295560
2013	67.16248	6.637373	8.431177	8.153099	9.086662	7.383441
2014	72.78418	6.787234	9.526817	8.183626	9.152523	7.587419
2015	70.67854	6.998612	9.759551	8.467160	10.677610	7.803423

使用回归分析作为研究工具，对上述三组数据进行了初步的回归分析，结果如表 4.4 所示。

表 4.4　中日韩三国回归分析结果

中国：

回归统计	
Multiple *R*	0.968314
R Square	0.937632
Adjusted *R* Square	0.927237
标准误差	0.122067
观测值	8

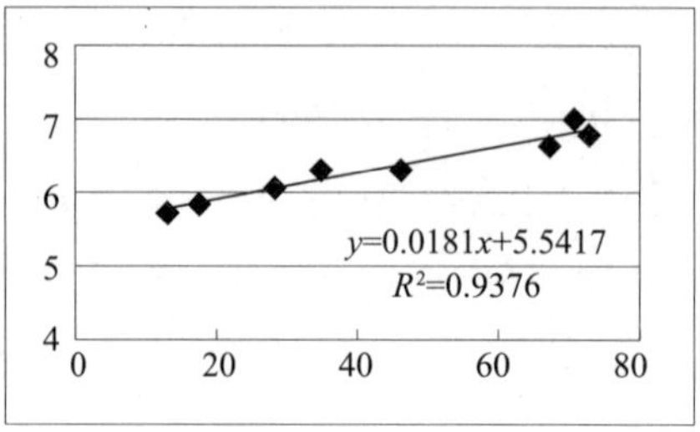

方差分析

	df	SS	MS	*F*	Significance *F*
回归分析	1	1.344049	1.34404	90.2030	7.77E~05
残差	6	0.089402	0.0149		
总计	7	1.433451			

	Coefficients	标准误差	*t* Stat	*P* - value	Lower 95%	Upper 95%
Intercept	5.541674	0.094181	58.8404	1.62E - 09	5.31122	5.77212
X Variable 1	0.018148	0.001911	9.49752	7.77E - 05	0.013472	0.02282

日本：

回归统计	
Multiple *R*	0.938794
R Square	0.881333
Adjusted *R* Square	0.861556
标准误差	0.113518
观测值	8

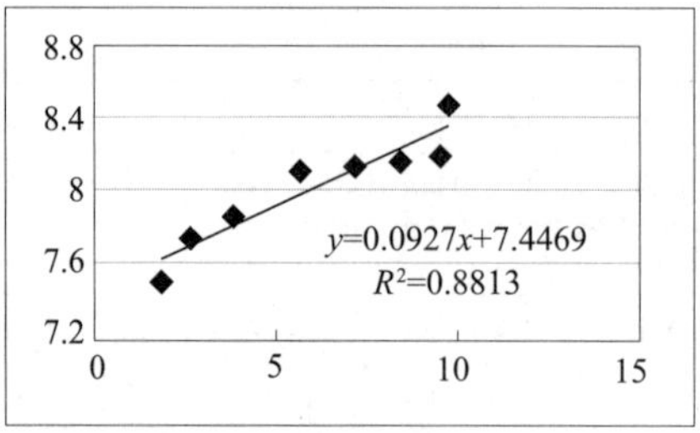

方差分析

	df	SS	MS	*F*	Significance *F*
回归分析	1	0.57424	0.57424	44.5618	0.000547
残差	6	0.077318	0.01288		
总计	7	0.651558			

	Coefficients	标准误差	*t* Stat	*P* - value	Lower 95%	Upper 95%
Intercept	7.446935	0.093966	79.2512	2.72E - 10	7.217008	7.67686
X Variable 1	0.092679	0.013884	6.67546	0.00054	0.058707	0.12665

韩国：

回归统计	
Multiple R	0. 981947
R Square	0. 964219
Adjusted R Square	0. 958255
标准误差	0. 130156
观测值	8

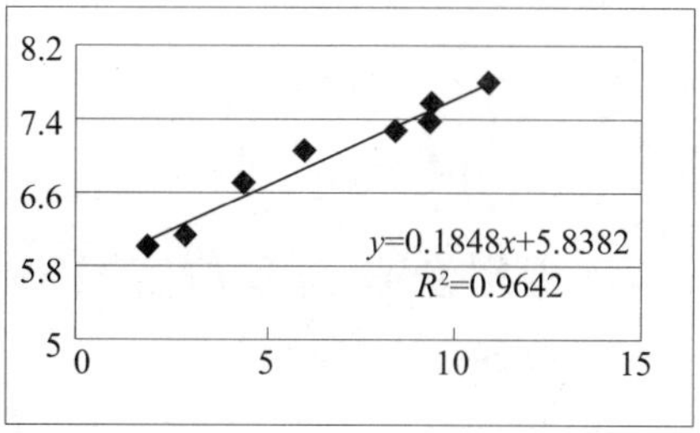

方差分析

	df	SS	MS	F	Significance F
回归分析	1	2. 739059	2. 73905	161. 686	1. 45E－05
残差	6	0. 101643	0. 01694		
总计	7	2. 840702			

	Coefficients	标准误差	t Stat	P－value	Lower 95%	Upper 95%
Intercept	5. 838236	0. 10356	56. 3752	2. 09E－09	5. 584833	6. 09163
X Variable 1	0. 18476	0. 01453	12. 7156	1. 45E－05	0. 149206	0. 22031

以上三组回归分析的结果中，每一组的相关性、拟合度及置信度都非常理想。三组回归的相关性全部大于 0. 9，属于极强相关；拟合度除日本一组为 0. 88 以外，其他两组也大于 0. 9；显著性与置信度方面，三组回归分析的 p 值极低，因此置信度极高。的模型得到了检验，三组回归结果的方程式即是该模型的函数表达。从以上结果可以看出，中日韩三国对老挝的经济要素输入，与老挝对其认知之间无一例外地存在置信度极高的正向相关性。因此，可以初步认定在动态层，本书的假设 1 得到证明——在趋势上，中日韩三国对老挝的经济要素流入都获得了老挝对其正向的认知变化，老挝对中国的经济形象的认知实际上是在趋于正面，“经济威胁认知”的猜想从整体上是不能成立的。同时，老挝对中日韩三国的经济形象的认知都呈正向变化的这一共性，也说明第 1 章中所提到的“经济正向认知”规律有存在的可能。

但是也必须看到中国与日韩在老挝的经济形象的认知中的差异。三组线性回归的结果清晰的显示，尽管老挝对中国的经济形象的认知逐年变好，但在函数的截距与斜率上的差距说明，中国经济要素在老挝的经济形象认知评价中整体上要比日韩低，而且经济要素增加对于推升老挝对中国的经济好感度方面，效率也要低于日韩。此外，在静态分析中已经看到，老挝的商界与政府官员对中国的经济形象的认知有一定的差异，因此需要将老挝商界与政界对中日韩的经济形象的认知分别进行进一步的数据分析，试图找出这些差异的原因。

4.3.2 老挝企业与政府官员对中日韩三国经济要素认知的细化分析

对于老挝企业界与政府官员认知中国的经济要素的差异性，先从时间序列上的认知评分情况进行观察（见图 4.5 和图 4.6）。

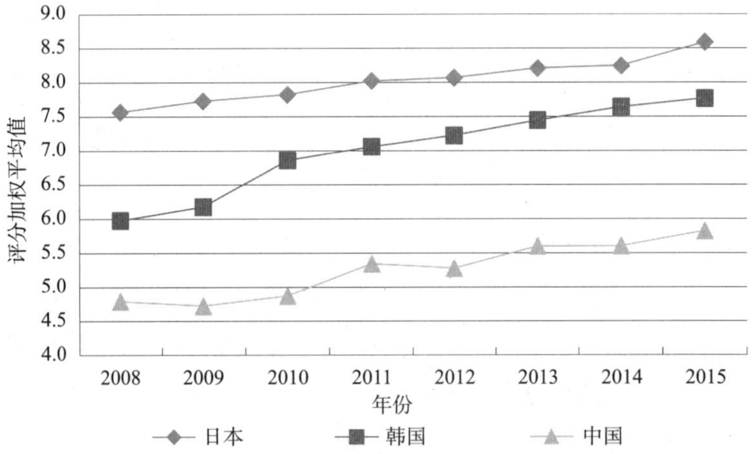

图 4.5 老挝企业界对中日韩经济形象的认知（逐年评分加权平均）

从图 4.5 和图 4.6 的趋势性变化与对中日韩评分的排名上来看，老挝企业对中日韩的经济形象的认知变化情况与老挝政府官员对中日韩的经济形象的认知变化有一定程度的不同，首先，老挝官员对韩国的评分始终低于中国；其次，老挝政府官员对中国的评分从整体水平上高于老挝企业对中国的评分，而且在最近的 2014 年、2015 年两年，老挝官员对中国的评分几乎追平了日本。对于这些差异，需要进一步的进行分析。

首先对中日韩的经济要素与老挝的企业评分以及政府评分分别再次进行了回归分析，采用如下公式进行回归

$$f(\mathrm{EE}) = P_c, \quad f(\mathrm{EE}) = P_g,$$

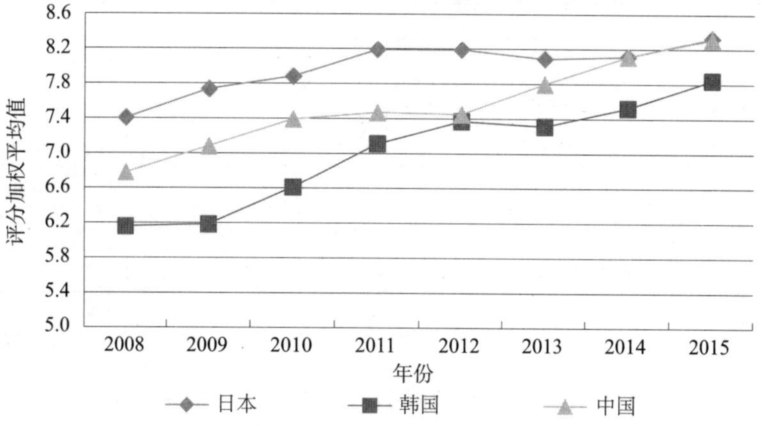

图 4.6　老挝政府官员对中日韩经济形象的认知（逐年评分加权平均）

$$P_c = \frac{\sum_{i=1}^{n} \text{corp}_i \times r_i}{\sum_{i=1}^{n} r_i}$$

$$P_g = \frac{\sum_{k=1}^{m} \text{gov}_k \times r_k}{\sum_{k=1}^{m} r_k} \qquad (2)$$

在上述数学表达式中，除各项表达与前一节相同以外，P_c 与 P_g 分别为老挝企业与政府官员对中日韩经济要素的认知。将 P_c 与 P_g 从问卷的评分部分中分别进行计算，并与相同的原因变量 EE 进行一元线性回归，得到结果如表 4.7 和表 4.8 所示。

表 4.7　企业一元线性回归结果 $f(\mathrm{EE}) = P_c$

	中国		日本		韩国	
Multiple R	0.949986		0.954265		0.971301	
R Square	0.902473		0.910623		0.943425	
Adjusted R Square	0.886218		0.895726		0.933996	
	Coefficients	P - value	Coefficients	P - value	Coefficients	P - value
Intercept	4.531058	1.3E-08	7.419339	1.74E-10	5.821228	9.85E-09
X Variable	0.016475	0.000301	0.100410	0.000231	0.187703	5.78E-05

表 4.8 政府官员一元线性回归结果 $f(\mathrm{EE}) = P_g$

	中国		日本		韩国	
Multiple R	0.949430		0.861008		0.980456	
R Square	0.901417		0.741335		0.961295	
Adjusted R Square	0.884986		0.698224		0.954844	
	Coefficients	P - value	Coefficients	P - value	Coefficients	P - value
Intercept	6.673167	4.25E - 09	7.477831	2.55E - 09	5.857278	2.35E - 09
X Variable	0.020020	0.000311	0.084024	0.006033	0.181466	1.84E - 05

从以上的结果来看，企业和政府的各三组回归分析中，最大的区别在于，老挝政府官员对中国的经济形象的认知无论是斜率还是截距都高于企业界对中国的经济形象的认知，这说明政府官员对中国的经济形象的认知具有更高的正向评价，对中国的经济要素增长也更敏感。其次的区别在于，对日本的经济形象的认知，企业界与日本经济要素的回归结果中，相关性与拟合度要高于政府官员的回归结果，而且对日本的经济要素增长更敏感。

为进一步厘清这些差异，试图找出中日韩三国的经济要素中的四个组成部分：出口、投资、发展援助、人员流入各自对于老挝经济形象的认知的影响，因此，尝试对这四个组成部分进行多元回归分析，将回归模型改为

$$f(\mathrm{EX}, \mathrm{FDI}, \mathrm{ODA}, I \times \alpha) = P_c$$
$$f(\mathrm{EX}, \mathrm{FDI}, \mathrm{ODA}, I \times \alpha) = P_g \qquad (3)$$

但以 Excel 及 SPSS 的多元线性回归功能进行分析，并采用了 SPSS 的变量筛选功能，使用向前法（forward）进行筛选并进行多元回归，但结果都非常不理想，每一组回归中的每一项原因变量的 p 值都极高（在 0.3 ~ 0.6，基本没有置信度），这由于中日韩三国各自的四项经济要素的数据之间，存在强烈的多重共线性问题，因此多元回归无法得到任何有价值的解释，上述的修改后的模型表达式不能成立。更进一步从因果逻辑上思考，不难看出，本书所设定的访谈问题中，对于中日韩进入老挝的经济要素的认知是一个较为整体性的概念，而所有受访人给出的评分也是对这四项经济要素作为整体而给出的分值，因此仅凭对评分与各项经济要素折合金额之间进行多元分析，其实无法析出各项经济要素对认知评分的分别影响。于是放弃了多元回归方式，改为进行每一项经济要素折合金额对老挝认知变化的相关性分析，以期从金额变化趋势与认知评

分变化趋势的相关度及拟合度入手，观察各项经济要素与老挝方面的认知评分变化之间的关系，最终得到如表 4. 9 和表 4. 10 所示。

表 4. 9　中日韩三国经济要素折合金额对老挝认知变化的相关性分析（企业界）

国别	项目	认知	出口	投资	ODA	人员
中国	认知	1				
	出口	0. 820721	1			
	投资	0. 963604	0. 909340	1		
	ODA	0. 882270	0. 741849	0. 860828	1	
	人员	0. 849300	0. 728111	0. 836787	0. 992154	1
日本	认知	1				
	出口	0. 666474	1			
	投资	0. 919795	0. 775618	1		
	ODA	0. 971320	0. 782109	0. 950764	1	
	人员	0. 876639	0. 808244	0. 960807	0. 931430	1
韩国	认知	1				
	出口	0. 938316	1			
	韩国	投资	0. 950559	0. 938035	1	
	ODA	0. 966371	0. 918477	0. 989546	1	
	人员	0. 821233	0. 662437	0. 756815	0. 838588	1

表 4. 10　中日韩三国经济要素折合金额对老挝认知变化的相关性分析（政府官员）

国别	项目	认知	出口	投资	ODA	人员
中国	认知	1				
	出口	0. 815341	1			
	投资	0. 948061	0. 909340	1		
	ODA	0. 943585	0. 741849	0. 860828	1	
	人员	0. 927897	0. 728111	0. 836787	0. 992154	1
日本	认知	1				
	出口	0. 642877	1			
	投资	0. 747432	0. 775618	1		
	ODA	0. 892316	0. 782109	0. 950764	1	
	人员	0. 748419	0. 808244	0. 960807	0. 931430	1

续表

国别	项目	认知	出口	投资	ODA	人员
韩国	认知	1				
	出口	0.929200	1			
	投资	0.954598	0.938035	1		
	ODA	0.969690	0.918477	0.989546	1	
	人员	0.851932	0.662437	0.756815	0.838588	1

以上的相关性分析结果显示，中国经济要素对老挝经济形象的认知的影响中，企业的认知与中国投资的相关性系数最高，对中国的发展援助相关性稍低，而在政府官员的认知中，中国的投资和发展援助增加与认知呈强正相关性；人员流入方面，企业界的认知与人员流入的相关性系数较低于政府官员，说明人员流入若以金额折合，其增长趋势与政府官员对中国的认知评分变化趋势相关性更高。对日本的分析结果中，ODA 与企业界的认知之间相关性更强，远高于其与政府官员的认知之间的正相关性。韩国方面，老挝企业界与政府官员对韩国各项经济要素的认知变化相关性基本一致，各项相关性计算均未出现较大差异。

4.4 本章小结

通过较为广泛的问卷与访谈，得以收回大量的数据，并在将“老挝对中日韩经济要素的认知”这一概念进行合理的量化之后，对其进行了较全面的数据分析。根据分析结果，目前可以得出的结论有如下几项。

（1）老挝对于中日韩三国的经济要素认知，从静态分析的结果来看，尽管中国对老挝的经济要素数额远高于日本与韩国，中国与老挝企业的经济往来也远多于日本、韩国与老挝企业的往来，但老挝整体对中国的经济要素认知评价要低于对日本与韩国的评价。特别是老挝企业界的问卷显示，老挝企业界对中国的认知评价以省份计算及以行业计算，大部分都低于对日韩的评价。

（2）在对老挝官员与企业界分别进行的分析中，可知两者对中国的认知存在一定差异，政府官员对中国的认知评价在静态与趋势上都更为正面；老挝政府官员对中国经济要素的认知评价高于对韩国的评价，甚至在趋势上，最近三年的评分几乎与日本持平。通过对各项经济要素与老挝认知评分进行动态相关性分析可以看出，老挝政府官员的认知变化与中国对老挝发展援助金额的增加之间其相关性比老挝企业界与该要素变化之间的相关性更强。

（3）最为重要的一点是，老挝整体对中国的经济形象的认知虽然在静态层不如其对日本与韩国的认知评价，但在动态层，老挝对中日韩三国的经济要素都呈现出愈发正面的评价，因此在本书涉及的国家中，“经济正向认知”的规律一定程度上是存在的，可以借此认为研究假设中的假设 1 得到了证明，而且至少在总体层面上，老挝对于外国经济要素流入产生经济安全方面的威胁认知趋势的可能性被基本排除。

但是在社会科学研究特别是国际政治经济学中，数据定量分析是存在局限性的，对于在定量分析中发现的上述差异，无法完全依靠定量分析进行最为合理的解释。将“认知”这一结果变量进行量化，尽管使得可以将认知与经济要素金额进行趋势性分析，但这样的量化其实也过滤掉了很多具备解释力的信息。而对于下列问题，则需要还原那些被过滤掉的信息，以期进行更为具体的分析结果。

（1）老挝政府官员与企业界对中国的认知差异究竟是何种原因造成？数据分析得出的老挝政府官员与中国的发展援助相关性高于企业界的结果，是否真的与受访对象的直观感受相吻合？除此之外，是否还有其他的因素？

（2）对于某些经济要素的评分数据分析差异，究竟应该在原因上如何理解？中日韩三国对老挝出口数据与老挝的认知评分变化，在相关性上呈现差异，但出口数据以金额计算，实质上无法体现出产品质量这一重要因素，而老挝各界对中日韩产品的质量在认知上究竟是否存在差异？与此类似，人员流入一项，以金额折合出的数字变化，的确与老挝政府官员对中国印象的评分变化更贴合，但其并不能描述出人员在老挝商业活动的具体行为，而老挝政府官员与企业界对中国人员流入的认知是否真的有差别？

（3）将老挝企业界的问卷结果按产业进行划分，发现对中国认知评价明显低于日韩的有商业流通、运输、能源、旅游四个产业部门，而这些部门对中国评价低于日韩的原因究竟主要由于行业间竞争还是其他因素？与此类似，按省份划分的企业评价中，对中国评价高于日韩的五个省份，特别是与中国接壤的北部三省，是否可以找到更为具体的原因？

（4）最为根本的问题是：在整体上，为何老挝总体对中国经济要素的认知评价会在存量和增量水平上都低于日本与韩国？

对于这些问题，还是需要还原到认知的最原点，即受访对象对中日韩三国经济要素的开放性评述中，去寻找答案。因此，在第5章将对所获取的全部问卷中的对中日韩三国在老挝经济要素的开放性评述进行文本分析，从中找出老挝对中日韩三国特别是中国的经济要素的具体认知，以期进一步理解所研究的问题；这既是对在本章中进行的数据量化分析的补充，也是对本章的数据分析结果信度的交叉校验。

第 5 章　老挝对中日韩经济要素认知的文本分析

在本书对认知的研究中，将老挝对中日韩经济要素的认知进行评分式的量化分析，从而看到了定性分析所看不到的趋势性结果；但是对于认知变化的根源，评分的量化分析只能提供部分的解释，进一步的解释需要从认知者的具体评述中发掘。而本次研究所获得的最有价值的资料，正是 218 份问卷中的开放性评述部分。这些评述可以充分还原出老挝对中日韩三国经济要素的认知及其变化的具体原因究竟是经济利益，还是中日韩的经济相关人员在老挝的活动与行为，或是老挝利益相关方对中日韩经济要素不断流入产生了经济安全上的关注。通过对全部问卷中受访人文字评述的文本分析，将对第 4 章中量化分析未能完整解释的问题进行进一步的回答。首先，将对分析采用的编码与方式进行介绍，之后，对于老挝企业界的问卷与访谈评述将主要通过对受访人的评述进行按行业与省区划分的归纳整理、结合对重点受访人的访谈记录全文进行呈现；对于老挝政府官员的评述，由于其重要价值，将按部门划分全部予以全文呈现，并同样进行主要观点评价的归纳总结，以及政府官员对于中老铁路项目的认知评述分析。

5.1　对问卷文本的分析与测量

文本分析或内容分析在实施过程中，必须考虑到编码也就是对文本内容的类目进行确定，以便提取出各个文本样本的内容并对其进行统计分析或定性梳理。对于本书所获得的问卷而言，在进行文本分析时，也需要按照科学化的方法进行这一步骤，并在此基础上进行研究。由于在设计问卷的过程中就已经充分考虑了对问卷回答的效度的确保，因此，所获得的问卷与访谈的开放性评述内容，也如所期望的呈现出了非常强的效度即回答内容在类目上的一致性：每一份问卷对于中日韩经济要素的开放性评述，全都是从中日韩三国对老挝的出口产品、投资、ODA 或发展援助，以及赴老挝的人员（游客与常驻人员）的类目中的一项或多项进行的回答。老挝政府官员的评述类目中稍有不同：除此四项类目以外，一部分政府官员，特别是较高层级的政府官员提到了对中日韩的社会经济整体发展水平的评价。但是从总体上看，这些文本的一致性较好，效度相对比较理想。

尽管如此，在研究过程中，仍然本着最大程度确保准确的原则，在文本分析的过程中，没有采取预先抽样、进行编码并确定类目、继而采用计算机文本分析软件进行归类分析的方式，而是直接采取人工研读每一份问卷、通过逐份进行评述观点总结的方式，将所有问卷的开放性评述进行聚类整理，从而确定编码类目的方式进行了文本分析。这样的方式，尽管耗费了大量的时间与精力，但其对于每一份文本（问卷评述）的内容挖掘、分析与归纳，其效果是文本分析软件所无法比拟的，它可以准确地梳理全部问卷的评述内容，同时也是对这些评述在效度上的直接检验。此外，在对每一份问卷评述进行翻译整理的过程中，通过翻译与研读内容的交叉比对进行了信度检验，确保了编码类目对于文本的理解的一致性。

最终，对所有问卷文本进行的类目编码如表 5.1 所示。

表 5.1　问卷文本的类目编码

1. 对该国出口老挝产品的评价	01. 该国产品质量好
	02. 该国产品性价比高
2. 对该国在老挝投资的评价	03. 该国近年来对老挝投资较多
	04. 该国近年来对老挝投资较少
	05. 该国投资促进了老挝经济增长
	06. 该国投资促进了老挝就业或人力资源发展
	07. 该国投资雇佣老挝员工少
	08. 该国投资仍有优化空间
3. 对该国给予老挝的发展援助/ODA 的评价	09. 对该国发展援助的正面评价
	10. 认为该国发展援助可进一步提升

续表

4. 对该国赴老挝人员的评价	11. 该国游客带来旅游收入，有益于老挝经济
	12. 对该国商业人员评价较为积极
5. 对该国整体社会经济发展水平的评价	13. 认同该国社会经济发展水平
	14. 从制度角度对该国经济发展模式的评价

表 5.1 对于所有问卷的开放性观点评述进行了合理的类目区分，并确保了内容上的准确与毫无遗漏，以此进行的文本内容分析，其结果的质量可以得到最大程度的保证。应用这一编码表，将对全部 218 份问卷的文字评述内容进行分析测量，以期回答评分数据的定量分析中未能解释的问题，以及检验该定量分析与问卷中的开放性评述的一致性。同时，对于向老挝政府官员进行的关于中老铁路的认知调查，也将应用同样的方法，以编码类目的方式进行分析测量。

5.2　老挝企业界对中日韩经济要素的评述

5.2.1　企业界对中日韩经济要素的整体评述分析

对老挝企业的广泛调研，从老挝本国的各个经济要素的层面考察了其对外国经济要素（中日韩）的认知异同及其变化。从国际政治经济学的当今研究思路来看，这样的研究其实就是试图揭示国家层面下的国际经济与国内政治的关联性的研究。从问卷评分的量化分析中，已知分析结果证明，中国在老挝企业界的认知中，形象逐年变好，但总体评价显著低于日本与韩国，这其中的原因究竟如何理解？在老挝企业界的 174 份问卷中，通过逐份研读、提取相同类目内容进行编码和聚类分析，获得了一定程度的解释。表 5.2 中对所有企业问卷进行的编码聚类对此进行了较为完整的回答。

表 5.2　企业问卷中对中日韩经济形象的认知的评价聚类统计

评价类目	中	日	韩
01. 该国产品质量好	1	45	21
02. 该国产品性价比高	2		23

续表

评价类目	中	日	韩
03. 该国近年来对老挝投资较多	54		
04. 该国近年来对老挝投资较少		20	6
05. 该国投资促进了老挝经济增长	32		1
06. 该国投资促进了老挝就业或人力资源发展	2		9
07. 该国投资雇佣老挝员工少	3		
08. 该国投资仍有优化空间	6	1	
09. 对该国发展援助的正面评价	8	52	21
10. 认为该国发展援助可进一步提升		3	4
11. 该国游客带来旅游收入，有益于老挝经济	1	1	19
12. 对该国商业人员评价较为积极	1	40	6

通过表 5.2 可以看到很多定量分析背后的信息，同时也解答了第 4 章在小结部分所列出的有待进一步解答的 4 个问题中最重要的一个，即老挝总体对中国经济要素的认知评价会在存量和增量水平上都低于日本与韩国的原因。

第一，对于中日韩的贸易，有关产品质量的区别解释了为何中国对老挝出口远高于日韩，却在老挝企业界给出的认知评分上大大低于日韩。174 份问卷中近一半都直接提到对中日韩出口老挝的产品的认知，对于日本产品的高质量、高技术水平，则有多达 45 份问卷表示赞同。由此可见，中国产品一直以来的质量问题无论是在老挝对其认知的静态评分还是在动态评分上，都影响其对中国经济要素的观感评价；而对于日本，由于其产品的广受好评，即使日本对老挝的出口额低于中国，但老挝对日本产品的评价仍显著高于中国。

第二，问卷中对于中日韩投资的评价，认识并明确提到中国近年来在老挝投资很多、范围较广的有 54 份问卷，又有 32 份问卷认为中国在老挝的投资大量增长有利于老挝的经济增长，这佐证了回归分析中，老挝的认知与中国投资的相关性最高的分析结果。同时，日本与韩国近年来在老挝投资增幅下降，也是老挝的企业界明确提到的。在大量问卷结果肯定了中国投资对老挝经济贡献的同时，也可以看到对于中国投资项目，老方认为仍有优化空间的比例高于对日本与韩国投资项目的评价。

第三，对于发展援助的评价，尽管中国近年对老挝发展援助的金额几乎追平了日本，大大高于韩国，但在企业界（民间）的认知程度上，仅有 8 份问卷提到了中国的发展援助，认为对老挝的社会经济发展大有帮助，而对日本与韩国的 ODA 的正面评价则分别为 52 份及 21 份，大多认为日本与韩国的 ODA 给予老挝乡村落后地区很多帮助，特别是医疗卫生与基础教育方面。这样的差异，有可能是因为中国大幅增加对老挝的发展援助是在最近几年才开始的趋势。

第四，对于人员流入，可以佐证的是在第 3 章中对于中日韩赴老挝人员中，游客大致所占比例的推测。所有问卷中，直接提到韩国游客的有 19 份，而中国游客与日本游客仅各有 1 份，说明韩国赴老挝人员中，游客所占比例大致高于中国与日本。同时，认为日本赴老挝的商业人员素质高、习惯较好、有礼貌、商业行为诚实守信、尊重老挝人员以及老挝法律法规的问卷高达 40 份，对韩国商业人员的类似评价也有 6 份，而对中国的类似评价仅有 1 份。

综上所述，通过老挝企业所有问卷文本评述的聚类分析，检验了前一章定量分析中，静态与动态分析所得出的结果；三种分析基本可以相互吻合。评分定量分析得出的中国经济要素与老挝对其认知呈正相关（增长）趋势也得到了验证；在文本分析中，可以看到老挝企业对中国在老挝经济要素增长的认知相当深刻，而且评价“中国投资促进老挝经济增长”的比例也很高，这也是老挝企业对中国经济要素增长的认知逐渐积极起来的重要原因之一。

5.2.2　对部分行业的评述分析

在第 3 章中，通过对企业问卷按行业分类进行认知评分加权平均的方法，发现各个行业对中日韩经济要素的评分具有一定差异；在这些差异中，农牧业、医疗、教育三个行业对中国的经济要素评分较高，旅游、运输两个行业对韩国的经济要素评分最高，而其他行业无一例外都是对日本评分最高、韩国居中、中国最低。此外，在对中国评价较低的行业中，商业流通、旅游、运输、能源四个行业对中国经济要素的评分与日韩的差距最大。由于这一问题无法用评分回归分析的方式予以解答，因此将其在第 3 章的小结部分列出。对这一问题，需要通过对各行业问卷中的开放性评述进行进一步文本分析，找出合理的解释。同时，对于老挝企业的问卷按行业划分进行分析，也可以找出更多的由评分定量分析无法解释清楚的问题，特别是在理论框架中提出的影响本国对外国经济要素认知的三个因素：利益受益/受损、外国与本国经济交往中的具体行为是否受认可，以及本国对外国经济要素影响本国经济安全/主权的考虑，在从此次研究覆盖的各行业所获得的数据与资料中，究竟如何体现？这就需要对各个行业问卷的开放性评述进行分别的文本分析。

首先，将所有行业的问卷评述按同样的编码聚类进行统计，发现对三国经济要素评述的统计在正面与负面评价的数量比例上，基本符合第 3 章中各行业对三国经济要素评分的差别。为进行更为细致的分析，将上文提到的几个对中日韩经济要素评分与总体评分有所偏差的行业的文本编码聚类统计分列，如表 5.3 至表 5.9 所示。

表 5.3　中日韩经济要素评分与总体评分有所偏差的行业的文本编码聚类统计/农牧业（4 份问卷）

评价类目	中	日	韩
01. 该国产品质量好		1	
03. 该国近年来对老挝投资较多	1		
04. 该国近年来对老挝投资较少		1	
06. 该国投资促进了老挝就业或人力资源发展	1		
09. 对该国发展援助的正面评价		2	1

表 5.4　中日韩经济要素评分与总体评分有所偏差的行业的文本编码聚类统计/医疗（2 份问卷）

评价类目	中	日	韩
09. 对该国发展援助的正面评价	1		
12. 对该国商业人员评价较为积极	1		

表 5.5　中日韩经济要素评分与总体评分有所偏差的行业的文本编码聚类统计/教育（1 份问卷）

评价类目	中	日	韩
06. 该国投资促进了老挝就业或人力资源发展		1	
09. 对该国发展援助的正面评价	1	1	1
10. 认为该国发展援助可进一步提升		1	

表 5.6　中日韩经济要素评分与总体评分有所偏差的行业的文本编码聚类统计/旅游及相关服务（25 份问卷）

评价类目	中	日	韩
01. 该国产品质量好		4	2
02. 该国产品性价比高			2
03. 该国近年来对老挝投资较多	5		
04. 该国近年来对老挝投资较少		2	1
05. 该国投资促进了老挝经济增长	3		1
06. 该国投资促进了老挝就业或人力资源发展			3
07. 该国投资雇佣老挝员工少	3		
08. 该国投资仍有优化空间	2		
09. 对该国发展援助的正面评价		4	2
11. 该国游客带来旅游收入，有益于老挝经济	1	1	13
12. 对该国商业人员评价较为积极		5	2

表 5.7　中日韩经济要素评分与总体评分有所偏差的行业的文本编码聚类统计/商业流通（57 份问卷）

评价类目	中	日	韩
01. 该国产品质量好	1	32	15
02. 该国产品性价比高	2		16
03. 该国近年来对老挝投资较多	13		
04. 该国近年来对老挝投资较少		6	2
05. 该国投资促进了老挝经济增长	6		
09. 对该国发展援助的正面评价	2	23	8
10. 对该国商业人员评价较为积极		14	1

表 5.8　中日韩经济要素评分与总体评分有所偏差的行业的文本编码聚类统计/运输（4 份问卷）

评价类目	中	日	韩
01. 该国产品质量好		1	1
02. 该国产品性价比高			1
03. 该国近年来对老挝投资较多	3		
04. 该国近年来对老挝投资较少		2	

续表

评价类目	中	日	韩
05. 该国投资促进了老挝经济增长	1		
06. 该国投资促进了老挝就业或人力资源发展			1
07. 该国投资雇佣老挝员工少	2		
08. 该国投资仍有优化空间	2		
09. 对该国发展援助的正面评价		3	
11. 该国游客带来旅游收入，有益于老挝经济			2
12. 对该国商业人员评价较为积极		1	

表 5.9 中日韩经济要素评分与总体评分有所偏差的行业的文本编码聚类统计/能源（8 份问卷）

评价类目	中	日	韩
01. 该国产品质量好		3	1
03. 该国近年来对老挝投资较多	6		
04. 该国近年来对老挝投资较少		2	1
05. 该国投资促进了老挝经济增长	4		
09. 对该国发展援助的正面评价	1	4	1
12. 对该国商业人员评价较为积极		3	1

对于给中国经济要素评分高于或接近日本与韩国的三个行业：农牧业、医疗、教育，尽管收回的有效问卷数较少，但对它们的问卷开放性评述进行文本编码分析，也可以一定程度上得出一些解释。农牧业方面，中日韩三国获得的评分较为接近，在问卷的具体开放性评述上，则可以看到，在提到中日产品质量的差距的同时，该行业的几位受访对象对中国投资的评价较为正面，特别是提到中国的投资对于老挝的人力资源与就业发展有积极意义。发展援助方面，受访对象对日韩两国的 ODA 有正面评价，但对中国的发展援助则没有。同时，对于中国在老挝人员的问题也有消极评价。医疗方面，收回的问卷不仅对中国的评分显著高于日韩，在开放性评述中也有相应的体现：对于日韩两国的经济要素，问卷没有评价，但对中国的发展援助却有正面评价，而且，在全部企业的 174 份问卷中，也只有该行业特别提到了中方人员素质高、水平高的积极评价（某医院对中方医务人员的高度赞扬）。最后，

在教育行业所获得的唯一一份有效问卷中（该企业为位于首都万象市的某大型私营教育机构），对中日两国评分较高，韩国稍低。而在该问卷的开放性评述中，则对中日韩三国在教育方面给予老挝的发展援助多有正面评价（特别提到中国的孔子学院在老挝近年来的发展与积极作用），以及认可日本的投资尽管数额不如其他国家高，但对老挝人力资源发展有积极的促进作用，同时也认为日本近年来对老挝的 ODA 有所减少。从这些问卷的评述文本中，可以看出，这几个行业在所能获得的有效问卷范围之内，对于中国的经济要素评价的确是较其他行业更为正面；同时也应该从问卷的其他部分以及所能得到的经济数据看到，这几个行业从中国获得的利益与帮助也较为显著。农牧业方面，几份问卷在第一部分都回答与中国的业务交往最为紧密，而这与中国—东盟自由贸易协定给予老挝农产品的优惠安排不无关系；医疗与教育方面，中国对老挝的发展援助也具有较长的历史，如本书第 3 章所述及。

而对于给中国经济要素评分与日韩评分差距最为显著的商业流通、运输、能源、旅游四个产业部门，对中国的认知评价为何明显低于对日韩的评价，也需要进行进一步的分析与思考。在这些评价的聚类分析中，可以看到几个行业的评述对中国投资在老挝的飞速增长及其对老挝经济发展的正向效应都有较多的认识，但同时对于中方经济要素的具体行为的负面评价也较多于其他几个行业。但是仍希望至少是能够部分进行解释的是：除上述这两点以外，行业竞争或行业经济利益受益或受损的情况是否从各企业的问卷回答中有所体现？

在商业流通领域，可以看到对中国产品的不利评价比例极高。全部的企业界的问卷中共计有 70 份对中国产品的负面评价，有 34 份集中在这一行业的问卷中。同时，对于中方商业人员造成老挝本地商业环境压力的评价比例也很高，具体进入这些问卷的评述原文来研读，则可发现，这样的聚类统计结果所指向的问题，正是行业竞争与行业经济利益受损。从行业部门利益的角度讲，进口中国产品的老挝企业利益实际上是受损的，因为产品质量的口碑直接影响的是销售的速度，继而影响资金的流转率；事实上，在商业流通行业返回的问卷中，已有一部分直言了该现象，提到中国一些产品因为质量问题，消费者逐渐流失，货物开始积压的问题。而中方商业人员涌入、销售低价且质量较低的产品进行竞争，对老挝本国的商业流通行业的利益也是有损的。因此，尽管无法获取老挝商业流通行业利润情况的细化数据，因而无法从计量经济学的角度证实或证伪其中是否因为中国低质量商品的大量涌入而导致老挝方面的挤出效应，但从问卷的文本分析方面，至少可以判定，在这一行业对中国经济要素的认知中，行业利益受损是较重要的影响因子。

对于旅游相关产业，通过文本分析也发现了行业利益方面的影响。实际上该行业的认知评分中，获评最高的是韩国而非日本，而这也与其他多数行业给予日本最高评分较为不同。而这样的认知差别通过文本分析也得到了验证：高达 13 份问卷提到了韩国大量到访的游客有益于老挝国内收入的增加以及经济增长。这说明该行业的利益是由于韩国经济要素（游客或人员）的进入而受益的。但同时，对于中国的开放性评述则可发现仍较为负面，不仅只有 1 份问卷提到中国游客并认为其有益于老挝旅游收入增长，而且对于中方人员的负面评价也较多。对于这样的情况，可能的解释是中国游客的数量不如韩国游客数量显著，行业经济利益受益不如从韩国方面受益多，另有可能是问卷中对于中国在老挝人员的不利评价里包括了部分中国游客。然而从问卷第一部分对“业务交往最密切的国家”的回答中，可以看到该行业的问卷有三分之二（17 份）的回答是“中国”，这也就说明了从行业经济利益的角度看，中国经济要素与老挝该行业尽管有大量的业务交往，但韩国的经济要素流入更多地推升了老挝该行业对韩国的正向认知，而中国则由于要素金额（经济利益）流入之外的负面问题，导致老挝该行业对中国的正向认知受到消极影响。

在受访的运输行业问卷中，也从评价聚类统计看到了该行业对中国经济要素评分偏低的原因：尽管几份有效问卷大都对中国在老挝的投资增长认知明显，而且也有一份问卷肯定了中国投资对老挝经济增长的贡献作用，但对于中国某些投资项目的质量、管理水平，以及基本不雇佣本地员工等问题的认知也同样明显，对于中方在老挝人员过多、带来一定压力的问题也感受较深。而对于日本经济要素的认知，受访人员则对日本的 ODA 评价积极；同时由于运输行业实际上与旅游行业是相关产业，受访人员对韩国的评价也与旅游业类似，多提到韩国游客流入对老挝经济的贡献作用。这些都导致了在该行业的认知评价中，对中国评价与对日韩评价出现差距的现象。但在行业利益方面，是否也能找出一些评价？再以笔者亲自访谈的老挝某航空企业高层领导的访谈记录作为参考。

（老挝某较大规模航空运输企业高层领导，访谈时间 2016 年 12 月 3 日，企业评分权重 50）

在与该受访人的对话中，受访人对日本在老挝经济要素是正面评价，认为日方尽管近年投资有所减少，但投资较注重长远发展，日方 ODA 也广受好评，希望日方增加在老挝的经济要素存在。随后，对方对韩国的经济要素也予以评价，认为韩方投资以中小企业为主，产品由于性价比高，也较易被老挝中下层民众接受，但通过与韩方的业务接触，直观地感到韩国投资较集中于首都地区，其他地区不多。最后，对方评价中国经济要素，认为中国产品价格低廉，中国投资规模大，范围广，层次多样。

通过这份访谈记录可见，除对日方在经济交往中的行为以及 ODA 援助有所好评、对中方一些投资项目有所批评之外，该受访人并未提到公司所在的行业部门与中方的相似行业间存在产业竞争关系。实际上通过研究老挝的相关经济数据特别是老挝计划与投资部给予的详细投资项目统计显示，中国近 8 年来在老挝新增的投资项目几乎没有运输类的企业，唯一与运输相关的是中老铁路为前期阶段在老挝注册一个相关项目，但显而易见，中老铁路目前不可能与任何老挝运输企业存在行业竞争。而该受访人所在的航空企业即使与中国航空公司具有行业竞争关系，该公司尤其是在国内航线上也处于绝对的竞争优势，因为老挝国内航线并未向外资航空公司开放航权；但现有资料已知在国际航线上，老挝的航空运输与韩国方面却有密切合作，这也在该行业的问卷评述中得到印证，因此可以判断，该行业对韩国的好评与行业利益有关。考虑到该行业所有受访企业或其总部都位于首都万象市，而中国投资在万象市区的中小型项目较多、质量可能客观上的确参差不齐，因此受访的企业领导对中国经济要素的直观印象评价必定会受这一因素影响。

能源行业对中日韩经济要素的认知评价，从聚类统计中也可以看出，该行业给中国的评分低于日韩的最直观原因与运输行业类似，并非行业利益受损或经济安全考虑，而是由于对中国经济要素行为的一些批评（特别是一些投资行为的问题以及流入人员过多、带来社会压力的问题）以及对日韩产品、ODA 援助、人员行为的积极评价所带来的差异。对于中国投资的评价，特别是对老挝经济发展的积极作用，该行业的肯定态度十分显著。同样使用笔者对该行业受访对象中最为重要的企业界人士进行的访谈记录作为参考：

（老挝某国家级能源企业总部领导，访谈时间2016年11月29日，企业评分权重50）

该受访人对日本在老挝的经济要素认知较为正面，认为日本的产品质量高，在老挝的商业活动规划较好，同时认为日本近年投资不多，希望日本加大对老挝投资。对于韩国的认知评价，认为韩国的ODA较为重视对乡村地区社会经济发展的帮助，反响也较好；对于投资，也希望韩国加大对老挝投资。对于中国的评价，受访人认为中国的各类投资极大地促进了老挝经济发展。

从这份访谈结果也可以看出，该受访人给出的评价，并非由于中国经济要素与其行业存在竞争关系，而是由于对日本与韩国在老挝的经济合作行为的肯定。实际上，如果以行业利益的角度来观察，可以发现该行业与中国经济要素之间的互补性是最强的，该企业与中国的合作极多，老挝计划与投资部给予的资料中有显示，本书的第3章中也有提及；而且尽管访谈中，该受访人出于保密需求，没有回应笔者对于该企业与中国经济要素合作的提问，该企业与中国合作的密切程度始终较高，且增长趋势明显。中国的相同产业与老挝该行业之间，老挝方面拥有自然资源且一直以来致力于做中南半岛的“蓄电池”，将本国水电所产电能销往邻国（这也是老挝重要的出口收入来源），而中方的技术与建设能力是老挝所需要的；第3章已经述及，老挝方面对于中国在老挝所投资建设的各个大型水电站项目持非常欢迎的态度。

综上所述，在老挝各行业对中日韩经济要素的评述中，可以发现中国受到较低评价的原因中确实有导致老挝行业利益发生变化的因素，但更多的还是由于中方产品、投资质量与行为、发展援助的受认知程度，以及人员的一些不当行为造成的。同时，在对中国评价较高的三个行业中，也从问卷的文本分析中，发现这几个行业的问卷评述对中国经济要素的积极方面的感知确较强。在本节的最后，将老挝最大的企业之一老挝外贸银行主要领导的访谈记录全文呈现，作为对老挝企业在对中日韩经济形象的认知方面的较为中肯的代表（仅就该受访人所填写的单个问卷而言，其对中国经济要素的评分也较高）。这份访谈记录对于中日韩在老挝经济要素的评价最为全面，同时也由于外贸银行作为全国性企业，因此做出的评价也最具代表性。在该份访谈中，不仅可以看到对中日韩四项经济要素较具体的认知评价，也可以看到本书归纳的影响认知的三个因素的各自不同程度的体现。

（老挝外贸银行主要领导，访谈时间 2016 年 12 月 11 日，企业评分权重 50）

受访人对于韩国在老挝的经济要素认知较高，认为韩国与老挝的经济关系紧密，政府间交往密切，因此韩国在老挝投资与贸易近年有所增长，旅游及相关行业在老挝较显著。但老挝的资产价格也因韩国投资进入而有所推高。同时，受访人由于工作关系，对韩国帮助老挝建立证券交易所的情况较为了解，也向笔者进行了详细的介绍。2010 年，在两国政府的合作之下，由韩国证券交易所提供技术支持，老挝成立了自己的证券交易所。老挝的证券交易所的股权结构是，老挝中央银行占 51% 股份，韩国证券交易所占 49%。同时，韩国也负责帮助老挝证券交易所的运营。

对于中国的经济要素，受访人认为中国对老挝近年来的经济增长贡献最大，投资项目最多，涉及范围也最广，从矿业、水电、中老铁路等大型项目到日用品与农产品的销售都有涉及。对于在业务中与中方人员的合作，受访人持肯定态度，认为多数中方人员很勤劳，效率较南亚及东南亚国家的技术人员更高。最后，受访人从总体上强调，中国在老挝的经济形象近几年来的确逐年有所改善。

对于日本在老挝的经济要素，受访人认为日本长期以来对老挝的 ODA 援助影响较大。日本在 2013 年以前一直是老挝最大的双边援助来源国，对老挝的基础设施建设，如公路、桥梁等，以及教育建设帮助很大，促进了老挝的经济发展。但是受访人也提到，在老挝有一些观点认为，日本的 ODA 援助款项中的大部分其实是发给日方相关人员的报酬，实际给老挝使用的金额有限，因此不宜过分夸大日本 ODA 的作用。对于日本在老挝的投资，受访人认为近年来的确很少，但特别提到了日本尼康在沙湾拿吉经济特区的工厂项目，认为该项目技术含量较高，这样的投资更有利于老挝技术水平的发展。

5.2.2　对部分省区的评述分析

在第 4 章的小结部分的问题 3 中，指出了评分量化分析无法解释为何有五个省份、特别是与中国接壤的北部三省对中国的评分高于日本与韩国；因此，在按行业对老挝企业的问卷评述进行了文本分析之后，又按省区对问卷进行了同样的分析，以进一步找出老挝各省区对中日韩经济要素评价的一般性与差异性，并解释其原因。

在对老挝企业的问卷调研中，按省区进行计算，首都万象市收回的有效问卷是最多的，达91份，且行业覆盖范围也最为全面，包括了本次调研所能够覆盖的全部十三个行业。在第4章的评分静态分析中，已经观察到了大部分省区对于中日韩的经济要素认知评分排名都是日本最高、韩国居中、中国较低，而万象市的评分排名也是如此。以对万象市问卷的开放性评述单独进行文本分析，得出的结果也与此类似，如表5.10所示。

表5.10　万象市的问卷调查结果（91份问卷）

评价类目	中	日	韩
01. 该国产品质量好	1	27	14
02. 该国产品性价比高	1		15
03. 该国近年来对老挝投资较多	36		
04. 该国近年来对老挝投资较少		10	3
05. 该国投资促进了老挝经济增长	21		1
06. 该国投资促进了老挝就业或人力资源发展			5
07. 该国投资雇佣老挝员工少	2		
08. 认为该国投资项目仍有优化空间	3		
09. 对该国发展援助的正面评价	2	28	12
10. 认为该国发展援助可进一步提升		2	2
11. 该国游客带来旅游收入，有益于老挝经济			7
12. 对该国商业人员评价较为积极		24	3

从表5.10可以看出，由于万象市收回的问卷覆盖了所有受访企业的行业，且老挝主要的本国经济要素大量集中于此，同时中日韩三国的经济要素特别是投资在万象市也是最多，所以得到的文本分析结果与老挝企业的总体评述文本分析结果在各项评价聚类的比例上高度相似。而其他省份中的多数，在评述文本分析的结果中与第4章评分静态分析的结果中与万象市的结果也非常接近。

再以琅勃拉邦省的问卷评述文本分析作为参照进行比较详见表5.11。

表 5.11　对琅勃拉邦省的问卷调查结果（14 份问卷）

评价类目	中	日	韩
01. 该国产品质量好		3	1
02. 该国产品性价比高			3
03. 该国近年来对老挝投资较多	4		
04. 该国近年来对老挝投资较少		1	1
05. 该国投资促进了老挝经济增长	2		
09. 对该国发展援助的正面评价		2	2
11. 该国游客带来旅游收入，有益于老挝经济	1	1	6
12. 对该国商业人员评价较为积极		3	2

从琅勃拉邦省的文本分析结果来看，对于韩国特别是旅游业方面的积极评价很高，这其实也是因为琅勃拉邦省的老挝本国经济要素中，旅游业占比很高，琅勃拉邦市作为世界级的旅游胜地，是世界唯一的全城被划为联合国世界遗产的城市；而收回的有效文件中，旅游及相关产业的问卷比例也较大，占比 50%。与此对应的，在前一章的评分静态分析中，韩国在琅勃拉邦省的认知评分是最高的，这样的结果在上表的评述聚类统计中也得到了印证。此外，与对旅游业所做的文本分析结果类似，对中国较低的评价同样是来源于对中国在与老挝经济交往中的一些不当行为造成的，但该省的受访对象也同样有较高比例认可中国的大量投资对老挝的经济贡献。

最后，对于前一章已经发现的对中国经济要素评价高于日韩的省份，也列出文本分析的结果，同时试图找出这一差异的原因（见表 5. 12 至表 5. 15）

表 5. 12　对琅南塔省的问卷调查结果（5 份问卷）

评价类目	中	日	韩
01. 该国产品质量好		1	
03. 该国近年来对老挝投资较多	5		
04. 该国近年来对老挝投资较少		2	
09. 对该国发展援助的正面评价	1		
12. 对该国商业人员评价较为积极		1	

表 5.13　对乌多姆赛省的问卷调查结果（3 份问卷）

评价类目	中	日	韩
03. 该国近年来对老挝投资较多	2		
05. 该国投资促进了老挝经济增长	1		
06. 该国投资促进了老挝就业或人力资源发展	1		
12. 对该国商业人员评价较为积极	1		

表 5.14　对丰沙里省的问卷调查结果（2 份问卷）

评价类目	中	日	韩
03. 该国近年来对老挝投资较多	1		
04. 该国近年来对老挝投资较少		1	1
05. 该国投资促进老挝就业或人力资源发展			1
09. 对该国发展援助的正面评价	1	1	

表 5.15　对色贡省的问卷调查结果（4 份问卷）

评价类目	中	日	韩
01. 该国产品质量好			2
03. 该国近年来对老挝投资较多	4		
04. 该国近年来对老挝投资较少		4	4
06. 该国投资促进了老挝就业或人力资源发展			1
09. 对该国发展援助的正面评价		4	1

从这几份文本分析统计中，可以看出，除乌多姆赛省的问卷没有提到对中国产品的负面评价以外，另外三省的问卷与其他省份的问卷一样提到了对中国产品的负面评价；对于中国经济要素在老挝非常显著以及中国一些投资项目、人员的负面问题也都有相应的认知，这与其他省份的问卷十分类似；只是上述四省对于中国在老挝投资的认知比其他省份更加显著，而且评价相对更加正面，乌多姆赛省的工程行业的问卷专门提到了中国在该省的水电站项目技术先进、质量优良，并且其建设拉动了当地经济增长以及受访者所在行业的收入提高。

同时，也可以看出这四个省份的问卷评述与其他省份之间最大的差别：它们对于日本与韩国的经济要素特别是投资与人员两项，几乎没有评价，或者如色贡省的四份问卷所述，直言近年来日韩的商业投资在该地区基本没有；而且对于发展援助一项，北部三省对中国发展援助是存在正向认知的，而色贡省则对日本 ODA 的正向认知很显著，这样的分析结果说明了上述省份对中国经济要素评分高于日韩，以及色贡省对中日的评分都较高的原因。再以第 3 章中列举出的中日韩三国在老挝的投资分布数据进行参照，会发现中国在 2008—2015 年对上述四省的投资分别为 1.13 亿美元、1.60 亿美元、0.42 亿美元及 910 万美元，而日韩两国在同年则对上述四省没有投资。同时，也已知在现有的对老挝的研究中，得出了老挝北部三省长期以来通过边境贸易、中方投资、中方发展援助等经济交往而受益的研究结果。综合这些因素，可以判断出，上述省份对于中日韩经济要素的认知，其影响因素主要为中国显著的经济要素存在对当地的积极影响，以及日韩在这些省份中的经济要素远少于中国，因此当地对日韩经济要素的认知较少。同时，这样的分析结果也说明，对于中国的经济要素，老挝本地的民众与企业并无先验的偏差认知；在不考虑其质量、管理水平、人员素质等方面的因素的前提下，老挝民众对于中国经济要素的认知是随要素流入而趋于更加积极正面的，并不存在经济因素以外的变量或对于中国经济要素大量流入的担忧而过度影响老挝对中国经济要素认知的现象。

5.3　老挝政府官员对中日韩经济要素的评述

对于老挝政府官员的问卷与访谈结果，进行同样的文本分析，其目的在于进一步找出老挝政界对中日韩经济形象的认知的量化分析结果与商界的分析结果出现差异的原因。同时，考虑到此次研究所进行的对政府官员的访谈记录非常珍贵，尤其是对中老铁路项目的认知评述，可以为国际关系学对此几乎空白的学术研究提供极有价值的资料，所以在本节中，将对所有 44 份问卷访谈记录经翻译并整理后的中文版按照政府部门分别全文呈现[1]，并相应辅以文本评述的聚类分析以及对重点官员的访谈记录进行更加细致的分析。

[1] 出于对所有受访官员的个人信息保护，仅按问卷与访谈记录在整理时的编号进行排列并仅对直接访谈的部分官员标明职级，不再列出其他信息。

同时，也将就所有问卷对中老铁路项目的认知评述进行相同的分析。

5.3.1 政府官员对中日韩经济要素的整体评述分析

邮政与电信部：

在对老挝邮政与电信部的调研中，访谈了9位官员，其中1位为笔者亲自访谈。所有问卷（访谈）的开放性评述整理如下：

受访人1：

对日评价：该受访人认为，日本对于研发的投资非常高，因此保障了产品的科技含量与产品质量，老挝国内所使用的日本产品因而较受欢迎。

对韩评价：该受访人对于韩国经济存在及其在老挝销售的产品评价相同，但其在老挝投资与合作的企业，较高技术含量的人力资源从来皆是自本国派遣至老挝，因此老挝很难获得技术溢出。

对中评价：中国在老挝的投资数额巨大，近年来增长显著，所涉及的行业部门非常广泛。但该受访人认为中方的经济存在带来大量的中国劳动力进入老挝，这对于老挝本就狭窄的就业市场造成了更大的压力。

中老铁路；该受访人认为，中老铁路项目将为老挝带来便利的交通环境，使老挝进入运输现代化的时代；同时，中国的产品将更加便捷地进入老挝，中国对老挝出口将会增加。大量廉价的中国产品进入可能对老挝本国的产品造成冲击。

受访人2：

对日评价：受访人对日本的产品评价高，认为技术含量高，质量好，经久耐用，认为老挝因此对于日本的经济形象的认知较正面。

对韩评价：受访人认为韩国在老挝的经济存在也较为显著。投资项目较多，如制造业、机械，以及韩国车辆在老挝的销售与维护等，这些促进了老挝的就业。同时，认为韩资产品的质量也较高。但该受访人也指出韩国对于老挝的技术溢出效应几乎没有，似乎刻意控制对老挝当地员工的高技术培养。

对中评价：中国在老挝投资巨大，出口产品的数量也较其他任何国家为高。产品的价格非常低廉，使得老挝普通民众较易接受。但是中国进入老挝的人数过多，对当地社会环境造成了一定影响，有些项目对于自然环境的保护也不够重视。

中老铁路：受访人认为，从长远的角度讲，这一跨国高铁项目将对双边人员交流与贸易带来巨大的正向影响。但是，在规划与建设过程中，必须细心考虑对自然环境带来的影响。同时，受访人也明确担忧高铁开建以后，是否会有大量中方人员随即流入老挝，以及高铁建成后，中国产品大量进入老挝，中老贸易是否会加剧不平衡。

受访人3：

对日评价：受访人对于日方在老挝经济活动的诚实守信、产品的高质量与稳定性、经营与交往中的守时印象深刻。但受访人也认为，日方经济法律法规过于严格，对老挝这一不发达国家的贸易优惠安排不够，老挝对日出口困难很多。

对韩评价：受访人认为，韩方在老挝销售的产品，市场定位分析工作比较出色，产品很符合老挝国内市场消费者的需求与价格承受能力，质量也较好，故而受到好评。但同时认为韩方在老挝的售后服务有待加强。

对中评价：受访人认为，中国业已成为经济强国，资本实力雄厚，已经具备在东南亚地区广泛帮助落后国家发展经济的能力。

中老铁路：受访人强调中老铁路对于老挝是一笔天量投资，因此老挝方必须极其慎重。老挝是一个小国，缺少的不仅是资本，更是相关的人力资源，对于高铁甚至是铁路都不甚了解，因此如何建设、建设后如何运营，都需要老挝做好人力资源储备。但同时受访人也承认高铁对于老挝经济发展的意义，尤其作为陆锁国、没有出海口，老挝客观上需要一条跨国铁路来促进贸易与人员流动，并由此进一步加强与各陆路邻国的经济交往与合作。

受访人4：

对日评价：日本的产品，由于重视质量而非数量，因此在老挝广受好评。但与其他国家相比，日本在老挝的经济存在不够显著。

对韩评价：韩国在老挝的旅游业非常发达，资本也较多。

对中评价：中国在老挝经济存在最为显著，资本最为雄厚。

中老铁路：受访人对于中老铁路对老挝经济发展的意义十分赞同，认为对于老挝的进出口意义重大。尽管投资数额过于庞大，但受访人认为，一旦建成，收益必将大于投入，因此是值得建设的。

受访人5：

对日评价：受访人认可日本的科技实力，以及其在电子产品方面的水平，但同时由于日方经营理念与标准上的过于严格，老方相关部门在与日方合作的过程中较为困难，受访人认为这也是日方在老挝的经济存在尤其是商业投资方面增量有限的原因之一。

对韩评价：认为韩国的电子产品与汽车产品在老挝反响很好，产品技术领先。

对中评价：认为中国的产能强大，在老挝经济存在非常显著，但对中方人员过多流入老挝表示出一定的负面认知。

中老铁路：对高铁项目认知较为正面，认为会极大地便利人员与货物的流动，有益于老挝经济发展。

受访人6：

对日评价：受访人重点评价了日本在老挝的ODA援助，尤其是对于农村落后地区的教育扶助工作，收效很好，老挝民众对此评价极高。同时，认为日本在老挝的经济投资近年来不多，大型项目很少进入。

对韩评价：韩方的旅游业在老挝非常发达，韩方游客赴老旅游的很多，韩国也是唯一在中日韩三国中拥有首都对首都直达航班的国家，由此可见，韩国方面对老挝旅游业发展的重视。对于韩国的ODA，受访人认为近年在减少。同时认为韩国商业人员在老挝多是只与韩国人员来往，封闭性较强，与老挝本地人员的往来不够。

对中评价：中方在老挝的经济存在非常显著，增加趋势明显，涉及行业最多，受访人认为这促进了老挝的经济发展。但受访人认为，中方在老挝的投资项目也如韩国一样，自我封闭性较强，在项目建设与管理中，从人员到设备完全从中国派出，老挝当地人员并无参与的机会，因此对老挝的就业没有正面作用。

中老铁路：受访人认为，高铁项目对于老挝的经济发展有帮助，可以使老挝在人员运输与物流方面得到跨越性的发展。但受访人也认为，在高铁项目的协议中，必须确保老挝方政府的所有相关部门，包括环境、劳动、林业、通讯、计划经济委员会等机构的所有相关人员高度参与其中，尽可能确保协议的公平性，确保双方都能从中受益。

受访人7：（访谈时间：2016年12月3日）

对日评价：受访人对日本的经济发展水平表示赞赏，并对日本在对老经济合作中表现出的注重礼貌等方面给予好评。但也对日本在与老挝经济合作中过度保护本国技术表示批评。

对韩评价：韩国作为发达国家，其经济水平与技术水平为老挝所信服，但受访人认为，韩国在与包括老挝在内的不发达国家进行经济交往的过程中，不发达国家很难从中真正受益。

对中评价：受访人详细介绍了老挝LaoSat-1卫星项目的情况：老挝对于拥有自己的人造卫星的设想始于10年前。2008年，老挝与中国达成协议，计划从中国购买通信卫星并由中国负责发射。2012年中国向老挝提供了2.6亿美元的贷款（笔者再三向其确认，该贷款属于援助性质）。LaoSat-1卫星最终于2015年11月在中国发射。在该卫星的运营方面，中老两方以合资公司的方式进行运营，老挝政府拥有45%股权。中方为老挝培训50名相关技术人员，并且以后还会继续帮助培训更多的人员。受访人对这一项目的实施予以高度评价，认为这是近几年来中国对老挝发展援助最具代表性的项目，证明了中国愈发强大的科技实力，而且给老挝带来了切实的帮助，不仅使得老挝的偏远地区能够接受卫星信号、从而保证信息的传达与加强中央对偏远地方的治理，而且极大地提高了老挝的国际影响力；受访人不无自豪地向笔者强调，邻国柬埔寨与缅甸目前仍没有自己国家的人造卫星，而老挝已经拥有，以后还应该以泰国为榜样，拥有更多的人造卫星。对于整个与中方合作的过程，受访人表示非常融洽，没有感觉到不愉快情况发生。最后，受访人也提到中国的商业活动有些在老挝的短期逐利性较强，这点的确有时会令老挝相关方面感到不甚愉快。

中老铁路：受访人表示不太了解中老铁路项目的具体情况，但从总体上支持这一项目，只是提到在建设过程中需对相关的环境问题予以重视。受访人表示，大概了解该项目投资额较大，应该审慎对待。最后，对沿线人员迁移安置问题也应该认真研究并解决。

受访人8：

对日评价：认为老挝对日本的经济要素观感直接来源于日本产品的高质量、低污染、对人体无害，信赖日本产品，所以对日本的经济形象的认知很正面。

对韩评价：对韩国产品的评价与日本类似，认为质量较高。

对中评价：认为中国出口至老挝的产品，档次覆盖老挝所有消费群体，客观地说，质量并非完全都差，但是有些产品的确引发了质量问题，影响了老挝对中国的经济形象认知。

中老铁路：总体上认为中老铁路对老挝的影响是积极的，可以促进中老两国的贸易与人员往来。

受访人9：

对日评价：认为日本的经济形象非常正面，其在对老经济交往中表现出的经济实力、技术水平，以及对老挝法律法规与社会规则的尊重，令老方欢迎。但受访人提到对日本与老挝不同的政治制度需要注意。

对韩评价：对韩国的评价与日本极为类似，受访人在强调韩国发达的经济、社会、科技发展水平的同时，对韩国的政治制度同样表示需注意。

对中评价：认同中国与老挝一致的政治制度并赞赏中国近年来改革开放带来的高速发展。

中老铁路：受访人认为，中老铁路将联通中国与其他东盟国家，而老挝从中的受益不仅仅局限于老挝对高铁所联通的各国的贸易与人员流动；老挝政府可对中国与其他国家经由老挝高铁运输的货物收取过境费用，以此增加老挝政府的财政收入，一定程度上缓解政府的财政困难。老挝政府在与中国政府进行合作协议的订立过程中，应该充分表达这一点。

将上述文本评述聚类统计如下（见表5.16）。

表5.16 文本评述聚类统计结果

评价类目	中	日	韩
01. 该国产品质量好	1	7	5
02. 该国产品性价比高	1		1
03. 该国近年来对老挝投资较多	5		2
04. 该国近年来对老挝投资较少		2	
05. 该国投资促进了老挝经济增长	2		
06. 该国投资促进了老挝就业或人力资源发展			1
07. 该国投资雇佣老挝员工少	1		

续表

评价类目	中	日	韩
08. 认为该国投资项目仍有优化空间	4	5 *	4 *
09. 对该国发展援助的正面评价	1	2	
10. 认为该国发展援助可进一步提升	1		
11. 该国游客带来旅游收入，有益于老挝经济		1	1
12. 对该国商业人员评价较为积极		3	2
13. 认同该国社会经济发展水平	2	1	1
14. 从制度角度对该国经济发展模式的评价	1	1	1

* 该部门对日韩投资的负面评价多为“过度保护本国技术，老挝方面得不到技术溢出效益”，故在本统计表中将之归类于“该国投资仍有优化空间”一栏。

从表中可以看出，该部门的受访官员对中日韩的经济要素认知中，对日韩两国产品质量较好、人员素质较高的评价较为显著，对于中国投资多且有益于老挝经济发展、产品质量与投资中的一些负面问题、人员的一些不当行为的评价也较为显著。但在对日韩两国的投资评价中，该部门很多受访对象都提到了较为短视、过度保护本国技术、老挝方面得不到技术溢出的评价。同时，对中国的发展援助评价也有评价，尤其是笔者亲访的受访人 7，对中方在援助老挝卫星项目中的表现大加赞扬。此外也看到，该部门中的一些官员对中日韩国内的社会经济发展水平做出了评价，并且有一位受访官员从经济意识形态角度对三国的社会经济发展做出了评价，并明显从这一角度对中国持正面认知评价。

工商业部

在对老挝工商业部的调研中，访谈了 14 位官员，其中 3 位为笔者亲自访谈。所有问卷（访谈）的开放性评述整理如下：

受访人 1：（部级，访谈时间 2016 年 11 月 29 日）

对日评价：受访人认为日本在老挝的经济存在自始自终水平较高，这些经济要素的流入有利于老挝的经济发展，对其认知较为积极。

对韩评价：认为韩国在老挝的经济要素存在范围不算广泛，投资多集中在首都地区，对其认知较为中立。

对中评价：对中国在老挝的经济要素情况，接触最多的是大型投资项目，资本雄厚，投资额极高，认为对老挝的经济发展起到了积极作用。

中老铁路：不分管该项目相关事宜，故所知不多。但赞同中央政府对中老铁路项目的支持，未多做评论。

受访人2：

对日评价：日资企业在老挝投资经商遵守老挝法律法规，注重商业道德，评价很正面。

对韩评价：该受访人对于韩资企业的印象多集中于2014年，因其分管的部门在该年接触了很多韩资企业。该受访人认为韩国可扩大与老经济交往的范围，多样化其投资。

对中评价：中国在老挝的经济交往呈现出多样化多层次的现象。该受访人的印象多集中于中资机构在老挝的大型项目。该受访人并认为中国可在老挝增加对于工业制造业与农业方面的投资。

中老铁路：明示不予评价。

受访人3：

对日评价：日本长久以来帮扶老挝的经济建设与发展，尤其是JICA，广受老挝各界好评。但日本与老挝的贸易额近来略显不足，应促进双边贸易增长。

对韩评价：与其他国家比较，韩国与老挝经济交往的历史相对较短。但韩国对老挝的投资一直有增加，投资方面集中于旅游业、汽车销售这两个行业，在老挝较为显著。

对中评价：中国在老挝的经济存在几乎无所不在，渗入到老挝的每一个经济与行业部门，从小商品买卖到大型基础设施建设都有中资存在，帮助了老挝的发展。

中老铁路：该受访人认为，中老铁路是老挝非常需要的项目，因为老挝作为内陆国家，无法通过海运提高贸易量，故铁路对于老挝进一步的经济增长是必不可少的。如果中老两国政府能够真正同心协力在这一项目上进行合作，则对于老挝的贸易增长、运输发展、以及未来旅游业的进一步提升都是及其有益的。

受访人4：（司级，访谈时间：2016年11月29日）

对日评价：日本长期以来为老挝提供了大量的技术以及人力资源培训方

面的援助，老挝政府部门很多人员因此受益。

对韩评价：韩国的旅游业水平较高，在老挝经营旅游业的质量也值得称赞。老挝应在旅游、文化产业方面向韩国学习。

对中评价：该受访人认为，中国近三十年来的经济发展水平很高，贸易、投资等在世界范围来看都是较为成功的，在老挝的大型项目也不例外，老挝应学习中国的经济发展模式。

中老铁路：该受访人认为，对于中老铁路，目前不能太过乐观，因为目前老挝并不具备建设高铁的条件。老挝的经济结构较为落后，不能承载高速铁路这样的巨型工程。高铁投资巨大，老挝政府的财力极为有限，无力承受如此巨大的财政负担。铁路沿线经过的地区，移民安置对于老挝政府也是一个极大的困难。更重要的是，即使中国政府向老挝提供足够的贷款，老挝对于贷款的偿还也是一个沉重负担。该受访人最后认为，该项目应在老挝经济继续发展一段时间之后，再认真进行评估与考虑筹建。

受访人 5：

该受访者没有对中日韩的经济要素做出评述。

中老铁路：该受访人仅对于中老铁路沿线的移民安置问题表示出较深担忧，其他未予评价。

受访人 6：

对日评价：日本对于老挝的经济发展帮助大，且受访人认为这种帮助比较真诚；日本在与老挝的经济交往中，对于法制的严格遵守令老挝方面印象深刻，评价非常正面。

对韩评价：受访人仅回应"韩国对于老挝的经济发展提供了帮助"。其他未予评价。

对中评价：中国的投资与援助对于老挝的经济发展提供了很多帮助。

中老铁路：中老铁路对于老挝的国际知名度是一个极大的提升。老挝在拥有铁路之后，人员与货物的跨境运输将会得到飞跃发展。这对于吸引投资与提升旅游业都将是意义巨大的，老挝的第三产业水平也将随着国际交流的增加而提高。但是同时，对于铁路沿线影响的地区及其民众的安置问题，必须小心处理，并且也应大力加强对于这些地区民众的解释说明工作，保障他们的知情权。最后，该受访人认为高铁对于老挝方面相关政府部门的各级人员都是一个全新的事物，需要积极学习并应对。

受访人7：

对日评价：该受访人认为，日本投资的透明度较高，运作系统完善，鲜有腐败情况发生。评价较高。但也认为日资机构的工作标准较为严格，过于注重细节。

对韩评价：该受访人对韩国经济存在的认知较为正面，认为韩国产品质量较高、技术较完善。负面评价为韩国对于老挝的技术支持不够，老挝从韩国的经济存在中很难获得技术溢出效益。

对中评价：中国在老经济存在的总量大，大额投资较多。

中老铁路：对于中老铁路项目，该受访人有担忧情绪，认为在该项目中，老挝的收益最后可能低于该项目的潜在利益，最终可能会得不偿失。

受访人8：

对日评价：受访人对日方投资的印象较为正面，认为增加了老挝人员的就业，并且日资机构的管理水平极高，老方对此评价历来很高。

对韩评价：韩方在老的投资涉及部门较多，同样增加了老挝的就业，使得老方经济发展受益。

对中评价：中方在老投资巨大，几乎涉及老挝所有经济部门，同样给老挝带来了就业，促进了经济发展，整体上提高了老挝的收入水平。

中老铁路：认为中老铁路对于老挝是一个难得的机遇。对于老挝的运输、进出口、旅游业都具有极大的意义。但同时，受访者认为对于中老铁路所可能带来的具体影响，尤其是负面影响，应进一步进行研究。

受访人9：（访谈时间：2016年11月29日）

对日评价：受访人认为日方长期以来对于老挝的经济发展贡献很多，其投资与ODA对于老挝的技术发展与人力资源发展帮助很大。但同时，日方在与老方经济交往中，语言沟通方面仍时有困难，并且在人员流动方面，日方来老人员享有免签待遇，但老方赴日签证则较复杂。

对韩评价：受访人认为韩国的ODA对于老挝人力资源建设贡献较多，韩方在老挝的商业投资也促进了老挝的经济发展，但韩方的投资项目很多为小规模投资，缺乏长期规划。

对中评价：中方在老挝的投资是最多的，这些投资促进了老挝的经济发展，双边经贸往来也十分频繁。同时中国政府的援助也是老挝的一大重要援助来源，中国援建老挝的工程项目很多。

中老铁路：受访人认同中老铁路对于老挝以及整个中南半岛交通发展的重要意义，认为该工程将惠及中、老、泰等国的交通运输与贸易增长。但是该工程对于老挝薄弱的财力来说是一个巨大的负担，老挝如何偿还中方提供的贷款将是一个问题。

受访人10：

对日评价：受访人对于日方ODA的感受最为深刻，认为老挝对于日本在老经济存在的主要认知即来源于日方长期以来提供的ODA援助。但是对于有些援助项目，日方并未持续进行。

对韩评价：受访人对于韩方经济存在的主要认知来源于韩国汽车工业对老挝的影响，认为KOLAO公司在老挝受到好评，且其在该方面对老挝的投资与贸易促进了老挝的经济发展。但很多来自韩国的二手汽车也同时进入了老挝，造成了一系列运输安全与尾气排放的问题，受访人认为非法进口韩国二手车的情况，韩国在老经商人员也有参与，难辞其咎。

对中评价：受访人认为中国在老挝广泛的经济要素促进了老挝的经济发展。

中老铁路：受访人同样认同中老铁路对于经济发展的意义，但强调必须继续认真研究考量该项目对于老方经济发展所带来的实际利弊，以及对于工程涉及地区的民众的影响，以及较为担忧中方提供的贷款的偿还问题。

受访人11：

对日评价：受访人认为，日本在老挝的投资较注重长期性，项目较为稳定，质量与标准也较高，老挝对此呈正面认知。但日资在老挝当地所提供的就业不多。

对韩评价：受访人认为韩国在老挝的投资集中在宾馆、餐饮、体育运动相关行业等方面。

对中评价：受访人认为中国在老挝的经济存在逐年增长，且增长显著，老挝的经济发展也从中受益，经济随之逐年增长。但中国的很多小额投资，如个体或家庭来老经商，明显挤压了同行业中老挝当地商业人员的生存，影响当地相关人员的收入。

中老铁路：较为认同中老铁路，认为该项目的建成将促进老挝整体的经济发展，沿线经过的城乡都将受益。

受访人12：

对日韩未作评价。

对中评价：该受访人高度肯定了中国大型投资项目对老挝经济的帮助，认为这些大型项目的技术含量较高，有技术溢出效应，对于老挝的人力资源发展、生产力的发展以及组织经营能力都会有好处。但也认为，中国出口老挝的一些产品通过低价竞争，一些中国产品对老挝类似产品的销售造成了影响，

中老铁路：肯定了中老铁路的积极意义，大体表示支持该项目，认为中老两国接壤，但目前的陆路运输能力的确对两国贸易的发展造成限制。一旦中老铁路建成，其货运能力对老挝与中国的双边贸易会有很大的提升，对于老挝的客运能力也是有积极影响的。但是受访人也指出，对于涉及该项目事务的老挝官员，应该切实履行自身责任，避免在具体施工的过程中对老挝自然环境造成损害以及造成其他失误，同时也应该保证工程的透明度，不可为自己谋私利。

受访人13：

对日评价：日本对于商业投资的审慎与严谨值得肯定，日方投资者一般会在实际投入之前仔细研究老挝的相关法律法规，对于项目的规划与管理也极为严格。

对韩评价：韩国的投资者也比较注重对于老挝法律法规的研究与遵守，值得肯定。

对中评价：认为中方的一些投资者与日韩不同，对老挝的相关法律法规的研究不甚仔细。受访人同时写明不能再多提供细节。

中老铁路：持肯定态度，认为高铁项目会在今后促进老挝的社会经济发展。但也认为，目前高铁项目的老方贷款方案中，中方给出的利息仍有些高，而且条件也有些多，如要求老方拿出很多优质的自然资源作为贷款条件。

受访人14：

对日评价：认为日本的产品生产标准高，质量好，印象很正面。但优质意味着价高，有些产品老挝普通民众是无力消费的。

对韩评价：仅评价一句“不该再从韩国进口产品”。

对中评价：认为中国产品种类多，丰富了老挝的市场，有利于消费者，但有些产品质量有待加强。

中老铁路：评价认为老挝对于项目规划过程中的监督不够，相关部门应该着手改变这一现状。同时，认为应该多听取该项目沿线受影响民众的诉求，努力解决目前已经出现的一些问题，并且将受影响群众的范围尽可能减少。

将上述文本评述聚类统计如下（见表 5.17）。

表 5.17　文本评述聚类统计结果

评价类目	中	日	韩
01. 该国产品质量好		4	2
03. 该国近年来对老挝投资较多	11	3	2
04. 该国近年来对老挝投资较少		1	1
05. 该国投资促进了老挝经济增长	7	5	4
06. 该国投资促进了老挝就业或人力资源发展	2	1	3
07. 该国投资雇佣老挝员工少		1	
08. 该国投资仍有优化空间	3		1
09. 对该国发展援助的正面评价	2	5	
10. 认为该国发展援助可进一步提升		2	
11. 该国游客带来旅游收入，有益于老挝经济			1
12. 对该国商业人员评价较为积极		4	1
13. 认同该国社会经济发展水平	1		1

从表 5.18 中可以看出，工商业部受访官员对中日韩三国的投资的认知最为广泛，对三个国家的投资，无论是正面评价还是负面评价都较多；也由于中国的投资本身在老挝就远高于另外两国甚至其他所有国家，因此该部门对中国投资规模大、金额高的认知也相应最为显著，对中国投资特别是大型项目促进老挝经济发展的认同也很高，同样，对于中国一些投资，特别是中小规模的投资在老挝造成的负面问题，认识也较为深刻。此外，对于日韩两国的评述，一些受访官员除认为日韩对老挝的投资近年较少以外，也从双边贸易与人员流动方面提出了看法，认为老挝与日韩特别是日本之间，物流运输与人员交通仍然不便，日韩对老挝的出口与人员流动开放程度不够。

公共工程与交通部

在对老挝公共工程与交通部的调研中，访谈了7位官员，其中1位为笔者亲自访谈。所有问卷（访谈）的开放性评述整理如下：

受访人1：

对日评价：受访人对日方的认知首先是日本长期以来对老挝的ODA援助，质量较高，范围较广，认知较为正面。但同时也指出日方在老挝的投资近年来较少。

对韩评价：受访人认为，韩国出口到老挝的产品多为汽车以及电子产品等，质量与技术水平较高，丰富了老挝市场。但是同时认为，韩国在老挝的经济要素逐利性较强。

对中评价：受访人认为中国在老挝的广泛投资促进了老挝的经济发展。

中老铁路：受访人认同中老铁路对老挝经济的正向影响，认为高铁建成将促进人员流动，对老挝的旅游业起到积极作用。

受访人2：

对日评价：受访人高度评价日本产品的高技术含量与高质量标准，但日本产品价格较高，老挝普通民众很多难以接受。

对韩评价：韩国产品的技术水平与质量同样较高，且产品价格相对较易为老挝消费者接受。但韩国出口至老挝的产品的本地化工作较差，很多产品甚至没有正确的英文译本说明，也没有老挝文说明。

对中评价：中国在老挝销售的产品价格低廉，低端消费群体较易接受。

中老铁路：受访人认为，中老铁路将是老挝历史上最为重大的基础建设工程。老挝政府应在合作方式上更加审慎，尤其是向中方贷款与还款一节上，应充分权衡利弊，避免无法偿贷的情况出现。

受访人3：

该受访人对中日韩三国的认知进行了评分，仅对问题进行了简短的回应，并表示对中老铁路项目不便进行回应。

受访人4：

对日评价：受访人认为日本的经济与社会发展水平较高，但日本产品在老挝的价格较高，老挝市场的接受度有限。

对韩评价：对韩国发达的旅游业印象深刻，认为韩国在老挝的旅游业经营水平也较高，值得老挝学习。但同时也认为韩国赴老挝的有些人员与老挝本地文化差异较大。

对中评价：受访人认为，中国是经济大国，现在已是较现代化的国家，技术水平与经济总量都较高，这些都正向促进了老挝民众对中国经济存在的认知。

中老铁路：受访人认同中老铁路对老挝经济增长的正向潜在作用，认为会极大的促进贸易与投资，也使得老方民众的出行更加便利。但同时明确表示，担忧高铁的建成会使得更多中方人员涌入，在给老挝当地社会生活带来压力的同时，也对环境造成影响。

受访人 5：(司级，访谈时间：2016 年 11 月 28 日)

对日评价：受访人对于日本的发展水平较为认同，认为日本投资在老挝的管理水平较高，产品质量也值得信赖，但认为日本对老的 ODA 援助仍应继续加强。

对韩评价：受访人认为韩国的经济结构与发展水平值得老挝学习，是小国经济发展的典范之一，其旅游业也值得老挝借鉴。但认为韩国对于老挝的 ODA 近年有减少。

对中评价：受认为中国在老挝的经济要素存在是全方位的，出口老挝的产品也是多层次多样化的，对老挝的援助也在增加。

中老铁路：受访人认同中老铁路对于双边发展的经济意义，但认为在高铁建设的具体问题上，政府的透明度有待加强，很多具体建设问题一直以来并无充分说明，且对于受影响的地区民众的征地补偿等具体方案一直没有明确，这些问题都应该在开工之前进行充分考虑与公示。

受访人 6：

对日评价：受访人对于日方产品的高质量表示高度认同，认为老挝随着经济发展，民众对于高质量产品的需求逐步提升，因此对日资产品的接受度也较高。但以目前老挝民众的收入水平来看，日本产品的价格仍高。

对韩评价：对韩国经济存在的正面认知较正面，认为老方欢迎韩国增加投资。但同时，认为老方相关部门与企业也应对韩国在老的投资进行仔细的研究并做好相关的准备工作。

对中评价：对于中国在老投资的增加表示欢迎，认为这将有助于老挝的经济发展。

中老铁路：受访人认为中老铁路对于老挝的经济发展将会有巨大贡献，尤其是对于老挝的旅游业，将带来大量消费者。

受访人7：

对日评价：受访人曾直接参与了第19次东盟峰会的工作，在该次峰会上，日本政府宣布了一系列对老援助项目，包括经济发展、人力资源发展、卫生工作、保护妇女儿童权益等方面，这些援助项目给予老挝很大的帮助，因此受访人印象较为深刻。但受访人也认为，日方的这些ODA项目在实际执行过程中，仍有细节有待提高，如对于人力资源发展的援助，在实际执行过程中不甚到位。

对韩评价：受访人认为韩国对于老挝的发展援助也较多较全面，尤其是受访人负责的人力资源工作，感受较为直接。但对于韩国在老的商业投资，受访人认为老方人员在技术上受益较少。

对中评价：受访人对于中国的援助印象同样较为深刻，认为中方给予老挝很多大型的具有援助性质的工程，如中老铁路项目、众多水电站项目、以及很多低息贷款，但这些项目具有援助性质。

中老铁路：作为内陆国家，无法通过海运增加贸易，进出口的发展受交通条件制约极大，因此受访人认为，中老铁路的建成将对于老挝的贸易增长将起到巨大的作用。高铁建成后，老挝的进口成本将降低，出口成本也将大幅降低，本国的消费者与出口相关企业都将受益，老挝产品在世界市场的竞争力将因中老铁路的建成得到提升。

将上述文本评述聚类统计如下（见表5.18）。

表5.18　文本评述聚类统计结果

评价类目	中	日	韩
01. 该国产品质量好		5	2
03. 该国近年来对老挝投资较多	4		1
05. 该国投资促进了老挝经济增长	3		
06. 该国投资促进了老挝就业或人力资源发展		1	
07. 该国投资雇佣老挝员工少			1
08. 该国投资仍有优化空间	2	2	1

续表

评价类目	中	日	韩
09. 对该国发展援助的正面评价	2	3	1
10. 认为该国发展援助可进一步提升	1	2	1
12. 对该国商业人员评价较为积极			
13. 认同该国社会经济发展水平	1	2	2

对公共工程与交通部的调研，主要的目的在于中老铁路项目与该部门直接相关；该部门对中老铁路的认知评述，将在随后一节进行分析。该部门对中日韩经济要素的整体评述，从上表可以看到，与其他部门以及企业界的评述类似，该部门对于三个国家出口老挝的产品质量差异、投资质量差异、中方人员造成的负面问题的提及在比例上与其他部门以及企业界问卷相差不大，对于中国发展援助以及中国投资的正向认知也如其他政府部门的问卷一样，比例比企业界问卷要高的多。同时，在笔者亲访的受访人 5 的评述中，尽管该领导所辖部门与农业或外国投资事项并无关联，却着重谈到了中国某些农业投资项目的负面问题，这说明波乔省发生的毒香蕉事件对老挝认知的影响的确较大。

计划与投资部

在对老挝计划与投资部的调研中，访谈了 11 位官员，其中 3 位为笔者亲自访谈。所有问卷（访谈）的开放性评述整理如下：

受访人 1：

对日评价：受访人认为，日本的高科技在日老经济交往中对老挝存在着一定的技术溢出效应，老挝的人力资源水平因而得到了发展，但是老挝相关人员受到教育水平以及能力所限，在技术学习的过程中仍显不足，日方应继续提供帮助。

对韩评价：对于韩方未予评价。

对中评价：高度评价了中老两国之间的传统友谊以及睦邻关系，认为两国基于相同的政治体制与政治信仰，在经济交往中较老挝与其他国家更为重要。

中老铁路：该受访人认为，中老铁路项目将对双方都带来益处，交通、进出口、旅游业将直接受益。

受访人2：

对日评价：该受访人高度认可日本的经济发展水平与科学技术实力，但指出作为不同政治体制的国家，老挝在与日本的经济交往过程中需注意双方的不同之处。

对韩评价：认为韩国的经济发展、社会发展、文化教育水平较高，仅次于中国。但韩国与老挝政治体制也不同，所以与对日经济交往一样，老挝与韩国的经济交流也需注意。

对中评价：高度评价了中国的经济、文化、与社会发展，并认为中国与老挝同为社会主义国家，中国取得的经济建设成就值得老挝效仿借鉴，老挝对于中国的经济要素应持大力欢迎的态度。

中老铁路：该受访人认为，中老铁路将极大地促进老挝的经济发展，便利于老挝的交通运输与人员流动，并使得物流成本大幅下降。

受访人3：（司级，访谈时间2016年12月2日）

对日评价：该受访人高度评价日本经济与技术的高质量，认为日本的投资与ODA在老挝广受好评，因为日方对于每一个项目的态度非常认真，工作扎实，严格遵守老挝的法律法规，对于老方的帮助也较为实际，但有些援助项目效率不高，因为日方对于项目的实施细节过于严格，每一步如未达到日方的标准，则下一步不予进行。

对韩评价：韩国在老挝的经济存在也较为正面，韩国在老挝的经济要素存在也较为广泛，且韩方在经济交往中，较为严格遵守老挝法律法规。但仍有一些韩方的投资项目，相关管理人员不注重项目质量。

对中评价：中国在老挝的投资非常庞大，且中国政府对其很多投资项目大力支持。

中老铁路：该受访人认为，中老铁路是老挝目前为止最好的一个大型项目，将对于老挝的经济发展贡献巨大，老挝民众的交通运输与出行都将更加便利。

受访人4：

对日评价：该受访人认为，日本在与老挝经济交往中，对于老挝各方面的帮助都十分显著，尤其是技术援助方面。

对韩评价：韩国对老挝的经济交往逐年增长，经济存在日趋显著，尤其明显的是韩国的旅游业，每年赴老挝旅游的人数都很多，对于老挝的经济贡献明显。

对中评价：中国是老挝最大的投资来源国，其总量远超于其他国家。这直接促进了老挝的经济增长。但大量的中方人员涌入老挝，给老挝的就业市场带来不利影响。

中老铁路：该受访人对中老铁路的态度较为积极，认为中老铁路将进一步促进老挝的经济发展，提升老挝的交通水平与贸易增长，但在建设过程中，不可忽视相关地区受影响人员的安置补偿问题，以及更加重要的是对环境的影响如何减少。

受访人 5：

对日评价：认为日本的经济要素帮助了老挝的经济与人力资源发展，并不仅限于日本对老长期的 ODA。但同时指出，日本在老挝的投资呈现出受“规划”较重的现象，每一类产业或部门在老挝似乎仅会出现一两家日资企业，互相之间的竞争似乎是被刻意避免的。这就导致了日本在老挝的投资总量上相较于其他国家并不显著。

对韩评价：该受访人认为韩国在老的经济存在质量同样较高，与日本类似，其覆盖的范围与部门也较多，包括农业与工业。但同时指出，韩国对老挝的 ODA 很多也存在利益交换的目的，且韩国意图交换的利益并不等价，同时，韩国在老投资的一些项目也存在较为短视的现象。

对中评价：该受访人认为，中老之间的经济交往非常广泛，中国在老挝投资广泛，ODA 项目也极多，中国产品对老出口也极多。

中老铁路：该受访人对中老铁路非常支持，认为该项目将成为老挝历史上最为重要的篇章，高速铁路将从北向南贯通老挝全境，按现有规划，将连接中国、泰国与越南，为老挝打开了贸易发展的大门；同时，该项目也将成为老挝在国际舞台上的一大知名项目，提高老挝的国际影响力。

受访人 6：

对日评价：该受访人认为，日本与老挝长期以来经济关系良好，日本的 ODA 援助广泛的支持了老挝的经济与社会发展，日本在老挝的投资也稳定增长，促进了老挝的经济发展。

对韩评价：韩国也从各个方面帮助了老挝的经济发展，韩国对老投资质量较高，对于老挝的经济起到了促进作用。但该受访人从自身分管的事务经验来看，韩国对老挝的ODA要比对老的商业投资更为显著。

对中评价：认为在所有东盟国家中，老挝与中国的关系是最好的。中国与老挝的经济交往也最为广泛，中国在老挝的投资也最多。但该受访人也提到老挝对中国贸易逆差的情况。

中老铁路：基于老挝作为陆锁国、没有海港的事实，中老铁路对于老挝贸易发展的意义至关重要。中老铁路将使得老挝的跨国贸易登上一个新的高度，人员流动也更加便利。同时，老挝吸引外资的能力也会随中老铁路的建成而进一步提高。中老铁路从区域一体化的角度看，将对连结中国、老挝，以及东盟其他国家具有非凡的意义。

受访人7：

对日评价：受访人称赞日本的经济发展水平与科技实力，其出口的产品在世界各国，包括老挝都口碑极佳。但该受访人同时认为，日本政府在双边经济交往的促进工作中，对于ODA援助老挝的项目的注重程度要远高于其对本国商业在老投资的注重程度。

对韩评价：韩国在老挝的投资较为显著，其在对老投资中呈现出资本较强、派出人员技术水平较高的特征，但韩资企业很少雇佣老挝当地员工，而是主要依赖于韩国派出的人员，这对于老挝的就业以及人力资源水平发展都较为不利。

对中评价：中国对于老挝的援助较多，多为援助性贷款的形式，该受访人掌握的资料显示，中国现已成为老挝的ODA最大来源国。

中老铁路：该受访人同样支持中老铁路，认为该高铁将连接老挝与其他东盟国家，变“陆锁国”为“陆联国”。

受访人8：

对日评价：该受访人仅对日本在老挝的ODA做出了评价，认为日本作为发达国家且ODA水平在世界领先，其对于老挝的援助质量非常高，对于减贫的效果也较显著。但同时对日本在老挝的各ODA项目中，给予相关工作人员过高工资的做法颇有微辞，认为与老挝的收入与生活成本水平相差太大。

对韩评价：韩国在老挝的经济存在质量较高，口碑较好，ODA与投资都较受老挝各界欢迎。但ODA的金额较中日两国更低，该受访人认为尽管金额较低，但同样对于老挝有着很大的正向作用。

对中评价：该受访人充分强调了中老两国相同的政治信仰与社会体制，以及长期以来良好的双边关系，并肯定了中国对于老挝的大力援助，包括ODA与大型商业投资项目。

中老铁路：该受访人认为，当今世界的经济发展，铁路是不可或缺的，而中老铁路将使老挝直接从没有铁路的时代跨入高速铁路的时代，这将极大促进老挝的经济发展。但同时，该受访人强调，在工程的建设过程与完工后的实际运营中，必须保证老挝方参与施工并负责运营后的管理，尤其是老挝政府，必须为确保这一目标做出巨大努力。

受访人9：

对日评价：对日方在老挝的经济存在，正面认知主要来源于日本的ODA。日方在老挝乡村地区所做的减贫工作非常扎实，广受好评。但该受访人认为仍有改进空间。

对韩评价：韩国给予老挝很多技术援助，该受访人认为老挝从中获益很多。

对中评价：中方在很多方面都给予老挝援助。但是受访人认为中国近年来流入老挝的人员过多。

中老铁路：担忧中老铁路对于老挝方的财政负担无法承受，问题仍集中在贷款数额过大、担心无法偿还，以及铁路沿线地区移民安置的问题难以解决。

受访人10：(部级，访谈时间：2016年12月1日)

对日评价：受访人从自身分管的工作出发，谈到日方在老挝的经济存在是极其尊重老挝法律法规的，每一个援助项目与投资项目都十分注重这一方面的细节。但同时，也正因为过于注重细节，在每一个项目的开始前即投入大量的过于繁冗的准备工作，令老方合作人员感到一定的反感。

对韩评价：韩方与日方类似，非常注重遵守老挝的法律法规，但是受访人接触到的很多韩方商业人员过于谨慎，在老挝相关政府部门完成全部立项登记与审批程序后，仍然不敢实际展开项目。这点令受访人感到疑虑。

对中评价：受访人认为，很多中方在老挝投资的项目管理水平良好。

中老铁路：受访人认为，毋庸置疑中老铁路对于双边经济往来的重要意义，但是老挝作为不发达国家，资本非常薄弱，因此在沿线移民的补偿安置方面，应由中方单列资金进行相关工作，老方无力负担。同时，强调老方政府相关人员应对合作协议与实际执行工作更加小心谨慎，确保老方不会因高铁项目而受损。

受访人11：（司级，访谈时间：2016年12月1日）

对日评价：受访人对日本在老挝的ODA项目评价极高，反复提到日本长期以来对老挝的发展援助为老挝带来的进步。日本在2013年以前一直是老挝最大的ODA来源国，其投入的水平也高，JICA的组织协调与工作能力广受好评，老方对JICA的认知很积极。但与ODA相比，日本近年来对老挝的投资较少，受访人认为日本应同时加强对老挝投资的推动。

对韩评价：韩国对于老挝的ODA项目与低息贷款也很多，并且，韩国在老挝的投资项目较日本更多，但受访人对于韩国在老的投资项目有一些负面评价，认为较为短视，也触发了一些导致老挝负面认知的问题，运作质量有待提高。

对中评价：受访人对中国的援助项目也多有评价。该受访人较为了解中国对老挝ODA的情况，认为中国对老ODA数量并不比日本少，尤其是近年来增长比较显著，中国给予老挝的ODA援助在效率上也比日本高，这不光是由于中方行事风格与日方不同，也是由于中老战略伙伴关系。受访人多次提到了中老战略伙伴关系一词。

中老铁路：受访人认为，该项目的投资过于庞大，据其掌握的资料，根据现有意向，老方需承担30%的投资额，而资金来源全部为向中方贷款，这样的数额其实是老挝无力承受的。受访人也反复表示，在中老铁路项目的问题上，老挝政府包括受访人所负责的部门时常受到来自公众的对财务可负担性方面的关切批评，令政府相关人员倍感压力。最后，受访人认为目前中方应配合老方加强对高铁项目的宣传与说明工作，尤其是要使老挝民众了解高铁建成后对民众的生活与经济收入带来的具体影响，但目前来看，中方对于老方政府各级领导的这方面说明工作都显得不足。

对上述问卷文本的聚类统计如下（见表5.19）。

表5.19　问卷文本的聚类统计结果

评价类目	中	日	韩
01. 该国产品质量好		2	
03. 该国近年来对老挝投资较多	6	1	3
04. 该国近年来对老挝投资较少		1	
05. 该国投资促进了老挝经济增长	5	2	3
06. 该国投资促进了老挝就业或人力资源发展		3	
07. 该国投资雇佣老挝员工少			1
08. 该国投资仍有优化空间	4		1
09. 对该国发展援助的正面评价	5	8	4
10. 认为该国发展援助可进一步提升	3		2
12. 对该国商业人员评价较为积极		2	1
13. 认同该国社会经济发展水平	1	3	1
14. 从意识形态角度对该国经济发展模式的评价	4	1	1

从该表的统计结果可以看出，计划与投资部对于中国给予老挝的发展援助的认知是最明显且积极的，近半数的受访官员都提到了中国对老挝发展援助的大幅增长及其对老挝的正向贡献；同时，对于中国投资及其对老挝的积极意义，该部门受访官员的评述比例也高于其他部门以及企业界受访者。尽管该部门特别是笔者亲访的几位高级别领导对中国投资及其相关人员的负面评价也较为显著，但对于中国投资的积极作用评价也同样显著。此外也可以注意到，该部门较高比例的受访官员从经济意识形态的角度评价了中国经济与中国在老挝的经济要素（经济交往）并对其认知积极，特别是受访人11在与笔者的对话中反复提及“中老战略伙伴关系”，这说明受访人对中国的经济形象的认知本身存在一定程度的正向认知基础。

总理办公厅

笔者在老挝外贸银行陪同调研的过程中，联系到了一位任职于老挝总理办公厅的司级领导，并表示原意接受访谈，因此在老挝友人的陪同下对该领导进行了短暂的拜访。访谈记录整理如下。

受访人：（司级，访谈时间：2016年11月27日）

对日评价：受访人对日本的高度发达的经济水平与科技水平表示认同。但同时指出，日本距老挝遥远，交通运输不便，也没有如韩国开通首都对首都的直达航班，这一点不利于日老两国的经济交往。

对韩评价：受访人认为韩国作为小国成功的典范，其经济发展与技术进步值得老挝作为榜样来学习，但是韩国与老挝不同的意识形态与政治体制需老挝注意，在学习过程中要加以批判。

对中评价：受访人高度评价中老山水相连的睦邻友好关系，指出中国目前是全球瞩目的大国、经济强国，人民勤劳，经济活动效率高，技术也日趋先进，中国在老挝的经济要素对老挝经济发展贡献很大。在访谈中也提到中国产品的质量问题，但认为中国在老挝的产品档次较多，生产标准因此也各异，所以不宜对产品质量问题过分夸大。

中老铁路：受访人对中老铁路项目非常支持，认为中老铁路将帮助老挝解决“陆锁国”的问题，大幅降低进出口的物流成本，这对于缺少资金的老挝来说是一件好事。

从这份访谈记录中可以看出，该受访人对于中日韩经济要素认知的评价在一定程度上受到既有的经济意识形态的影响，特别是对中老两党、两国之间在包括经济交往在内的双边良好关系高度重视并认同。特别是考虑到该受访人所任职的部门是总理办公厅，而且自身职务较高，因此出现这样的对三个国家的经济形象的认知评述也是情理之中的。而且从整个访谈的情况来看，该领导对于日本与韩国的经济要素评价尽管某种程度上有国家体制差异的考虑，但对日韩两国的社会经济发展的认知仍是非常积极的，其在问卷中给出的对三个国家的量化评分也与访谈对话中的内容相吻合，这也与计划与投资部等部门的很多官员的认知非常近似，说明老挝官员方面对于中日韩三国经济要素的认知，从认知心理学的角度来看，尽管存在出于意识形态亲疏的差别而对其有不同的归因，但其在程度上并没有达到足以左右其较为客观的评判三国经济要素对老挝的正向贡献的地步。

中央银行

在调研的初始阶段，笔者就试图联系老挝中央银行，对其进行较大规模的访谈，但即使在老挝外贸银行的帮助下，也始终未能得到机会；在老挝外贸银行通过官方渠道提出申请的一段时间后，中央银行方面的相关负责人遗憾的回复表示，按现行规定不能接受访谈。但笔者最终还是通过私人关系，与中央银行主要领导之一进行了一次短暂的面谈。访谈记录整理如下。

受访人：（部级，访谈时间：2016年12月1日）

对日评价：受访人对日方产品的评价很高，认为老挝对日本产品有着很稳定的信任感，从日本汽车到日本的电子产品；认为老挝公众对于日本产品的唯一负面评价就是其价格稍高。

对韩评价：认为韩国近几年来在老挝的游客增长非常明显，这对于老挝经济特别是旅游相关产业大有益处。然而对于韩国企业在老挝的经营，有一些企业在部分与老挝政府合作的项目中有不公平交易之处，有一些隐蔽性较强的条款，会对老方造成长期的负担。笔者询问受访人所指是否是老挝证券交易所的项目，因为老挝央行正是证交所的控股方而另一方为韩国证交所，但该受访人拒绝进一步回应。

对中评价：认为中国出口的产品长期以来以来给老方造成的认知印象就是其较低的质量，但近期以来，中国产品的质量有一些改进。同时对于中国的大型投资项目方面，受访人认为质量较高。

中老铁路：受访人极为赞同中老铁路项目，认为尽管该项目的投资过于庞大，但在今后所带来的长久效益必定会超过建设的庞大投资，因此对中老铁路有信心。

从此次访谈中可以体会出，该领导对于韩国经济要素的认知方面，实际上负面认知多于正面认知，笔者试图进一步向其请教老挝证券交易所与韩国合作的情况是否与此有关，但受访人委婉地予以回绝。对于中国的经济要素特别是大型的投资项目，该领导的认知较为正面，而且对于中国出口老挝的产品质量问题，也较为积极地提到了该情形正在缓慢改善。

老挝人民革命党中央某经济参谋机关

本次研究的最初规划中，本希望能够对老挝人民革命党中央政治局委员一级的官员也进行访谈，并通过个人关系在调研期间联系到了两名该级别的政府官员。但遗憾的是，在约定拜访的时间，受访人临时安排了外事出访的任务，之后另行安排较难，因此笔者只得放弃了访谈计划。但在几位较有影响力的友人帮助下，笔者还是获得了极为难得的机会，得以亲自前往位于老挝国家会展中心附近的老挝人民革命党中央所在地，对党中央直属的某经济参谋机关的一位部级主要领导进行了长达一小时的当面访谈。该领导在老挝经济政策的决策中拥有很高的影响力，因此对本书的问题的回应也较为权威。访谈记录整理如下。

受访人：（部级，访谈时间：2016年11月30日）

笔者首先对中日韩在老挝的ODA情况进行询问，受访人较为详细地介绍了韩国KOICA，日本JICA，老中合作委员会的基本情况。在对老挝提供援助的运作方式上，三者很近似，老挝方面会对希望获得援助的项目提出请求，对方进行准备，之后呈送老挝政府核准。随后，受访人提到中国除一般性的发展援助以外，另有一些给予老挝的特殊待遇，因此中国近几年来对老挝的援助其实较多。

商业贸易与投资方面，受访人认为三国侧重点与特点既有相同，也有不同之处。韩国向老挝出口车辆及其配件，并且由于KOLAO公司在老挝的成功，现代—起亚品牌在老挝近年销量显著，同时，KOLAO旗下的印度支那银行也很活跃；其他方面，韩国也在老经营旅游相关行业，农业也有涉及。日本与韩国在老商业项目方面比较类似。中国则在业务涉及范围以及贸易投资总量上都显著高于日本、韩国，人员流入也远高于日本、韩国。中国在老挝的经济要素存在具有多层次、大范围的特点。既有个体商业人员大量流入，从事轻工业产品批发等活动，也有一般民营企业在老挝经营，如机械产品销售、矿业等业务，同时，还有大量的中国国有企业在老挝进行巨型项目的建设，如房地产建设、大规模的水电站等，投资覆盖的范围非常广。

在对中日韩的经济要素进行认知评价时，首先，受访人指出日本在老挝的经济要素是较为高质量、基于长远考量的，并且是直接深入老挝地方、民间，与当地人紧密合作开展业务，且在老经济交往时间远早于中国与韩国，因而形象一直较为正面。韩国与日本相比，则较为短视，有的小规模商业行为注重短期逐利。而中国在老挝是较为低层次的经济活动，如个体商业者的轻工业产品贸易。

最后，就中老铁路项目，受访人给出了对于铁路沿线的民众，能否受益、如何受益，中方的相关宣讲工作目前看来还有些不足的评价。

在此次访谈中的收获非常珍贵，不仅是由于该受访人在老挝经济决策事务中的权威性，也是由于受访人所讲述的诸多非常具有价值的情况。除了与其他受访领导类似的对于中日韩各项经济要素的评价以外，对于中国向老挝提供发展援助的情况，该受访人指出，实际的规模可能比从计划与投资部获得的数据还要大；而对于中方大型经济合作项目的相关人员，该受访人也客观地指出了一些值得商榷的方面，尤其是对于项目的说明解释等工作，由于不够充分，使得包括受访人本人在内的政府高层官员出现了一定程度的担忧与负面认知，而这样的情形在中老铁路的前期工作中也有所体现。国际关系的认知相关理论告诉，信息的不透明会导致错误认知，继而对决策者在对外事务中产生影响，而该受访人所指出的问题与担忧，也正是出于对这一规律的思考而指出的。尽管一国的决策者无法避免的经常在信息不完全的条件下进行决策，并往往由于这种信息的不完全而将问题进行错误的归因[1]，但可以看出，该受访者在对笔者叙述中方人员信息沟通工作存在的问题时，显然是仍具备足够的客观冷静的，并未过分夸大这一问题，但其对该问题的认知也显然造成了其对中国经济要素的一些负面影响。

最后，将所有受访官员的 44 份问卷评述汇总，得到如下统计（见表 5.20）

表 5.20　政府官员问卷对中日韩经济形象的认知的评价聚类统计

评价类目	中	日	韩
01. 该国产品质量好		19	9
02. 该国产品性价比高	1		1
03. 该国近年来对老挝投资较多	26	4	8
04. 该国近年来对老挝投资较少		4	1
05. 该国投资促进了老挝经济增长	20	7	7
06. 该国投资促进了老挝就业或人力资源发展	2	5	4
07. 该国投资雇佣老挝员工少	1	1	2
08. 该国投资仍有优化空间	14	7	9
09. 对该国发展援助的正面评价	11	19	6
10. 认为该国发展援助可进一步提升	5	4	3
11. 该国游客带来旅游收入，有益于老挝经济		1	3
12. 对该国商业人员评价较为积极		10	4
13. 认同该国社会经济发展水平	6	7	6
14. 从意识形态角度对该国经济发展模式的评价	6	2	3

[1] ［美］戴维·霍顿：《政治心理学：情境、个人与案例》，尹继武，林民旺译，中央编译出版社 2013 年版，第 150 页。

将这份文本分析结果与企业界问卷的结果进行比对分析，再将其与前一章的问卷评分分析结果进行比对，既交叉验证了两种分析的一致性，又为前一章小结部分的问题 1 与问题 2 提供了较好的解释，即老挝企业与政府官员对中国经济要素的评价出现差异的原因，以及对于中国赴老挝人员的评价是否在具体认知上的确存在不同。

从政府官员的问卷文本分析来看，发现受访官员对于中国经济要素的评价的确优于企业界对中国的评价。尽管对于中国产品的质量问题、很多中小投资的负面问题，以及某些中方人员的评价同样消极，但受访官员对于中国投资的整体评价却比企业界的评价更为积极：近一半的问卷认同中国投资对老挝经济发展的贡献，这一比例远高于企业界的同类目评价数。特别是计划与投资部的受访官员由于对中方投资更为深入了解，同时对于中老经济合作的长远性利益有着更深层次的认识，因此对中方评价更高。与此原因类似，由于政府官员对于中国的发展援助项目有着更全面的了解，很多受访官员亲自参与或管理来自中国的 ODA 重点工程，所遇近四分之一的受访官员都对此有非常积极的评价，这与老挝企业界的同类目评价数在比例上相差极大，证明老挝政府官员对于中国发展援助的认知比民间不仅更加显著，而且更加正面。最后，在官员问卷的文本分析编码类目中，比企业界多出两类，即对中日韩社会经济发展水平以及意识形态角度的评价，在这两类中，对于中国的认同也较高，而这在企业的问卷中并不存在；这也是政府官员对中国经济要素评价较高的重要来源。此外，在对中方人员的负面评价以及担忧中，老挝受访企业界与官员的具体认知其实并无差异；在对中方人员负面评价的具体问题及其比例上，受访企业与受访官员的问卷基本一致。

同时，对于日韩经济要素方面，老挝政府官员的评价大部分与企业的评价相似，但不同之处在于，对于韩国近年来对老挝发展援助有所减少的情况，受访官员的认识更显著，而且在对投资的评价方面，对韩国投资的负面评价较多，在比例上远高于企业的问卷。老挝受访官员对韩国投资的认知更加消极、对韩国 ODA 减少的现实认识更加显著，这两个原因是导致老挝政府官员近几年来对中国的评价高于韩国的重要因素；这样的访谈结果也验证了政府官员对于来自中国与韩国的 ODA“此消彼长”的认知更加清晰。

5.3.2　老挝官员对中老铁路项目的评述分析

中老铁路项目对于中国来说，是泛亚铁路中线的第一站、“一带一路”互联互通战略的重要组成部分；而对于老挝来说，更是整个国家历史上最为宏大的工程，其 70 亿美元的预计总投资额，比近年来中国、澳大利亚等国在老挝建设的任何大型矿业项目或水电项目的投资额都要高出数倍，重要程度也是其他任何工程无法比拟的。因此，借助本次研究的问卷与访谈，对于受访官员进行了关于中老铁路的专项问卷调查，请求每一个受访官员对该项目的相关情况进行开放性评价。对此进行调研的目的在于：①研究老挝政府经济决策部门的各级官员对中老铁路项目的支持程度；②对这些受访官员在认知中老铁路项目的过程中所关心的具体问题进行调查，并找出一定程度上的一致性。在笔者进行此次研究之前，中国的 IPE 学界几乎没有过从老挝官员的角度对中老铁路进行相关研究的成果，因此笔者的该项调研相信可以为学界提供较为重要的研究资料。

将收回的问卷文本以及亲访的记录文本进行逐份的仔细研读，并同样对其进行编码，以观点的类目进行统计，结果如下（见表 5.21 和图 5.1）。

表 5.21　政府官员问卷（访谈）对中老铁路项目评价及总体态度的聚类统计

单位：份

01. 有利于老挝社会经济发展	28
02. 有利于加强中老及与其他邻国的经济往来	14
03. 增加老挝政府收入	2
04. 提升老挝国家形象	4
05. 项目评估仍有不足	4
06. 投资过大/借贷问题需审慎	12
07. 沿线居民安置问题	11
08. 对环境的影响需加强重视	6
09. 老挝方面需拥有技术人员或管理能力	4
10. 对信息透明或合作公平的关切	12
11. 对潜在人员流动增加的关切	4

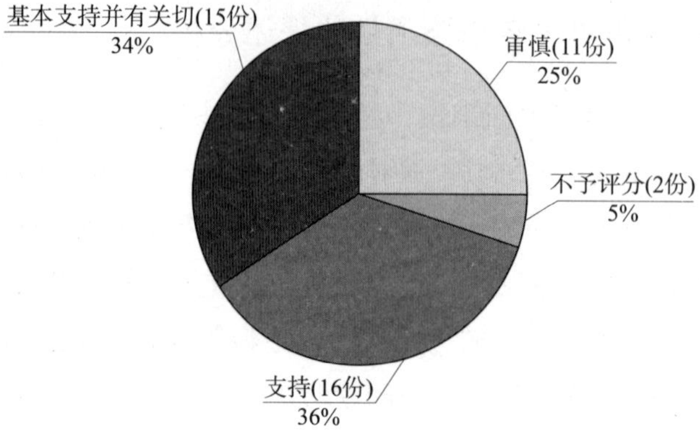

图 5.1　政府官员问卷（访谈）对中老铁路项目评价及总体态度的聚类统计

通过上述分析，可以看到，老挝受访官员对于中老铁路的总体态度中，完全支持的问卷有 16 份，基本支持并有所关切的问卷有 15 份，明确表示应审慎对待的有 11 份，另有两份不予评价。这样的比例说明，在整体上老挝受访官员对于该项目所抱持的态度是较为审慎乐观的，并非毫无保留地支持该项目快速推进。

分析受访官员对于中老铁路项目的观点评价以及关切的问题，可以看到，大部分受访官员都认同该项目对于老挝长远的社会经济发展具有正向贡献作用（28 份），同时一部分官员认为，高铁有利于中老双边经贸往来的加强，以及对整个中南半岛经济一体化向前发展的积极作用（14 份）。而对于中老铁路需要多加考虑的方面，问卷的评述多集中在老挝对巨额投资的承受能力问题，如从中国贷款如何偿还的问题、对中方信息沟通，以及合作能否保证双方平等的关切、项目对沿线受影响民众的安置、项目对老挝环境的潜在影响这几个方面。同时，对于项目评估认为仍不够充分、担忧老挝缺乏相关技术人才而无法参与未来的运营管理，以及对中国经济要素（货物与人员）过度流入的担忧也一定程度上体现出来。

事实上，可以认为，上述的观点统计在很大程度上解释了中老铁路项目在 2017 年前进展不快、时有拖延的原因。尽管多数的受访官员都认同甚至看好中老铁路对老挝未来的经济发展、运输能力、国家形象等方面的巨大发展前景，但对于一个经济较为落后的小国，与实力强大的国家在本国境内共同建设如此庞大的一个项目，而且是技术最为先进的高速铁路而非普通铁路或公路，这是一个典型的“不对称合作”案例，其不稳定性是显而易见的。尽管中方为老挝提供贷款以支持老挝全部的出资比例，但老挝方面对于偿还能力、偿还方式的审慎考虑仍是必定会出现的现象。更何况，从主权国家的层面考虑，任何相对落后国家对于这样的不对称合作都会有出于经济主权/经济安全方面的考量，这是在相当一部分受访领导的问卷中得到直接体现的；但随着近几年双方在信息沟通、联合人员培训等方面加强合作，可以看到老方的关切都得到了中方非常积极的回应，收到良好的效果。

此外，正如经济参谋机关受访领导所谈到的，中方人员对老挝方面没有很好地及时沟通、发布信息，这一点会造成老方决策者的错误认知，更有可能加剧老挝相关决策人员对整个项目的担忧。

从中方的角度来看，对老挝的这一认知与态度，应该充分予以理解。可喜的是，自习近平主席 2017 年 11 月访问老挝之后，双方对于工程进度的沟通及信息发布愈发常态化、及时化，工程建设出现了加速推进的态势，各项重点路段的桥梁、隧道工程不断完工，沿线设站的重点地区的各界对于项目完工的期待逐渐增强，这表明老挝不仅仅是政府层面，而是社会各界对于中老铁路的经济意义的认同感在不断提升。

5.4　本章小结

经过全面仔细的梳理，本书获得的全部问卷并进行详实的文本分析，已经将中日韩在老挝的经济要素与老挝对它们的认知之间的关系进行了较为全面的研究。

首先，通过分析与对比老挝企业与政府官员给予中日韩的认知评述，已经找出为何中国整体的经济形象在老挝低于它在本书中的参照系——日本与韩国的原因。中国产品的质量问题、部分投资项目带来的负面影响、以及在老挝的部分人员的具体行为，导致了中国的经济形象低于日本与韩国。

其次，也从按企业行业、所在省份进行划分的细化分析中，找出了行业间，以及省区之间对中日韩经济要素评分出现差异的原因，发现了在一些行业与省份中，中日韩经济要素流入的差异导致老挝企业（民间）的经济利益变化并因此使后者产生不同的认知，而在总体上，中国的一些产品、中小投资项目、部分人员在老挝的负面问题则仍然无差别地在所涉及的老挝全部行业与省份存在负面认知影响。

最后，通过对企业问卷与政府官员问卷的比较分析，也解释了为何政府官员对中国经济要素评价更高：受访官员对于中国给予老挝的发展援助的认知比企业界（民间）远为显著与积极，对于中国投资提升老挝经济发展的认知也更加正面，同时，对于韩国经济要素特别是投资方面的一些负面问题，以及韩国近年对老挝 ODA 减少的事实，受访政府官员的认知比企业界的认知更深刻，这些因素解释了老挝官员对韩国的认知评分低于中国的原因。

至此，将第 4 章的认知评分量化分析所未能解释的问题逐一解释完毕，同时也交叉验证了第 4 章的量化分析所得出的结果，两项分析工具对于同一问题的研究得出了非常近似的结果，从而验证了本次研究的质量。此外，对于政府官员认知中老铁路项目的专项研究，也使得从国内利益变化、要素流动具体行为，以及国家经济主权或安全这三个因素的角度观察到老挝经济决策部门对这项巨额的经济要素跨国流动的认知态度。

诚然，通过此次研究，发现了中国经济要素的形象在老挝的一些消极问题，但是更应该看到积极的一面：对于中国作为老挝最大的投资来源、给老挝的经济繁荣做出的贡献，相当一部分的受访对象是极其认同的；对于中国近年来在老挝的发展援助给老挝带来的进步，在政府官员中是一种共识性的认知；对于中国一些产品的批评，也可以注意到，老挝一些受访对象也看到了中国产品质量的进步。更毋庸置疑的是，中国在老挝的经济形象存在的这些问题都是可以逐步得到改善的，中老两国经济关系的日趋紧密、不断深化才是发展的大趋势，否则之前的量化分析也绝不会得到高度正相关的趋势性结果。在第 6 章中，将进一步整理并总结本次研究所得到的启示，包括对中日韩在与老挝的经济交往层面，以及从东盟的地区层面的思考。这不仅对中国在老挝经济形象的进一步改善是有益的，而且对于研究思考中国今后与其他经济后进国家的经济合作也有一定的积极意义。

第6章　结论与启示

进行此次研究的学术目的，如前文所述，在于试图寻求一般性的规律，找出中日韩三国在老挝的经济要素与老挝对其认知的变化趋势及其一致性。然而，通过检视中日韩三个经济大国在老挝的经济形象、深入理解中老经济合作中积累的经验与遭遇的问题，则是笔者展开这项研究的最根本目的所在，即向外界提供一个有别于以往固定范式的理解角度和认识途径，以期有一些新颖的观点可以被发现。通过对中日韩三国在老挝经济要素存在及老挝各界对其认知的考察，在一定程度上，已经达到学术层面与政策研究层面的上述两个目的。同时，将日本与韩国在老挝的经济要素及老挝对其认知视为比照对象，也更加清楚地发现中国与老挝的经济合作存在哪些优势，又存在何种问题。

在这个深度理解的基础上，再尝试进行国家经济合作方面的思考，以期获得有益的启示。中国在老挝的经济要素尽管在动态趋势上使老挝形成了愈发积极的认知，但无疑存在瑕疵乃至严重的不足，要想实现双边经济合作的可持续与健康的发展，修复这些问题是亟待之举。除此之外，同侪学者们在东盟各国所从事的类似的研究揭示了相似的问题与困难[1]，这说明中国在老挝所面临的问题并不是孤立的，而是可能具有“以点代面”的重要象征意义。因此，将在本章首先对本书获得的直接结果进行总结。

与此同时，从本书获得的结果中，也从东盟的层面对老挝的对外经济交往，以及东盟自身治理能力产生了一些思考，从中获得的启示也让看到进一

[1] 除现有的相关研究成果之外，笔者也与美国康奈尔大学政府系博士张友谊先生进行了讨论，访谈时间2017年3月18日；后者在其博士论文的研究中，特别是自2016年起在东南亚各国包括缅甸、柬埔寨等国的实地调研中，发现中国经济要素在当地存在的问题与笔者在本研究的调研中发现的问题高度相似，这说明中国在东南亚地区的经济形象存在一定负面问题的现象是较具普遍性的。

步完善中国与东盟各国经济合作的重要机遇。实事求是地说，东盟各国发展水平的差距，治理能力与东盟整体协调能力的不足，以及庞大人口、市场与投资缺乏之间的矛盾，都是中国的机遇。如何把握这个进一步扩展区域经济一体化、实现区域共同发展的重大历史机遇，不仅仅在于要有雄心壮志与巨额资本实力，更关键的问题在于如何通过本书获得的启示来实现中国与东盟国家经济合作的规模扩大、质量升级。

从更宏观的国家战略角度来说，本书对老挝的关注也能够为包括“一带一路”在内的中国对外经济合作提供重要的启示。在本章的最后，将结合对本书的结论与启示，进一步思考优化中老经济合作、改善中国经济形象、从而更好地推动中国的对外经济合作的一些可行之道。

6.1 中日韩与老挝经济交往的经验与问题

通过收集大量的一手资料与数据，并进行定量分析与文本分析，本书得到了中日韩在老挝经济要素与老挝对其认知之间的关联性，以及老挝对中日韩经济要素认知存在差异的结果。同时，在本书的前述部分已经指出，中老两国的经济交往存在一些问题，尽管不足以影响到中老经济关系不断紧密、不断向好的大趋势，但仍应本着不断优化对外经济交往的出发点，加以重视总结和调整。

1. 外国经济要素存在与本国认知评价存在正相关性

对中日韩三国的比较分析显示，随着中日韩三国在老挝经济要素的增加，老挝整体对中日韩三国的与经济直接相关的认知正面评价出现了不同程度的上升。这个观察结果非常重要，它打破了以往一些猜测性的观点，如外国经济要素越增加，本国对外国经济要素特别是外来资本及其所属国家的负面认知越严重。这个“经济威胁认知”的假设在本书中被证伪。本书的数据回归证实二者之间实际上存在的是一个正向线性相关的关系，这为中老经济合作提供了一个具有基础性意义的科学引导原则，让外界能够理性认识中老经济合作的意义与乐观前景。

具体到中国来说，从中国自身的发展轨迹来看，随着中国在老挝的经济要素不断增长，老挝商界对于中国的认知评价出现了由较负面到正面的增长，按照本书中的评判标准，评分从较为负面的5分以下逐年上升至较为正面的接近6分，趋势是非常积极的。而且，从老挝北部与中国接壤的三省的认知情况来看，也证实了中国经济要素的大量存在与日韩经济要素的相对稀少，使老挝该地区给予中国经济要素的评价比给予日韩的评价更为积极。这至少在本次研究的对象国范围内证明，在外国经济要素存在本国的初始水平一致的情况下，一国经济要素存在的增加，会无差别地导致本国对其经济形象的认知的正向变化趋势，这一点无论是在学术层面还是政策研究层面都具有较为启发性的意义。

2. 老挝政界与商界对中国的评价存在差异性

从评分数据分析及问卷文本分析中都发现，老挝政界对于中国经济要素的印象较好，不仅高于韩国，而且从2013年开始，几乎追平了老挝政界对日本的评价，这样的认知印象实际上是从静态到动态都要优于老挝企业界对中国的认知印象。从大量的问卷文本中，发现了老挝政界对于中国的认知更加正面的原因在于，老挝政府官员对于中国发展援助的大量增加和对中国的大型投资项目更加正面与广泛的认知，以及老挝部分政府官员出于对中国与老挝相似的政治体制、改革道路、意识形态的认同。但除此之外，这实际上也与中国长期以来的习惯思维、行为模式和工作方式有很大的关系。

同时，以日本、韩国作为参照系进行比较，中国在老挝工商界获得的认知评分是最低的；以回归分析得出的函数来看，就基础值（截距）与要素增加导致积极认知增长的效率（斜率）上的差距来说，中国与日本、韩国的差距非常明显。这是非常需要中国思考的问题，因为一国对外国的经济要素的认知其实就代表外国在该国的经济形象，而经济形象上的差距直接导致国际影响力的差距。中国在老挝经济形象的落后，如不尽快加以解决，必然会影响到未来中老的进一步合作。

与中国部分低质量的工业制成品相比，日本与韩国产品的质量得到老挝社会各界的一致赞誉。表面上看起来，这只是一个技术性的问题，但实则却是由技术性细节引起的大问题，它直接关系到中国在老挝的整体形象。老挝学者西文赛（Syviengxay）在7年前的研究中就曾提到，中国尽管没有在老挝设立汽车装配厂，但是已经在老挝开立了多家中国品牌汽车的销售店，也已有很多老挝消费者开始购买中国品牌的汽车[1]。这一点与笔者多年在老挝的观察相一致：那时中国品牌的汽车明显在万象市等主要城市的街头增多。然而从2015年开始，在老挝的各大城市中，中国汽车越来越少见，这恐怕与其质量有待进一步提升有着密切关系。而今后如果中国在老挝的汽车销售企业想扭转这一趋势，恐怕难度会比最初开拓老挝市场时还要高，毕竟在东盟内部，由于在泰国等国建立汽车装配厂的日韩品牌在不断增多，其在老挝的销售价格不断下降与其质量造就的长期口碑也使得中国汽车品牌面临更大的挑战。而且，认知心理学强调由此及彼的推理，以及个体在认知中的既有图示导致的错误归因，中国某些产品的低质量会让老挝民众进而对带有中国标识的一切人员、事物都抱有类似的不信任态度，进而威胁到中国在老挝的整体形象；而在移动互联网时代，信息的传播方式与速度远不同以往，即使是发展最为落后的地区，民众通过互联网、手持智能终端等渠道也能够迅速了解到有关新闻从而进一步放大这样的不信任。

从社会学的角度来说，一个国家外在形象的塑造在很大程度上，并不取决于本国的经济或政治成就，因为他国的社区与民众并不十分关注这些高级政治问题，相反，人与人的日常接触最容易让人对对方所属的社会群体产生一个根深蒂固的印象，如不及时积极应对并试图扭转，则这种负面印象将会一定程度上对双边经济交往产生影响。

从政界对中国经济要素的评价较高，到商界对中国经济要素的评价显著低于日韩，除去已经发现的具体原因之外，这样的研究结果其实也是在提示，中国今后对老挝的经济交往工作，应该更加重视具体经济要素的质量与行为存在的种种问题，并应努力加以改善，以期贴近老挝基层，积累在当地民众中的“社会资本”，毕竟民众的认知才是外国在本国经济形象的最根本基础。

3. 老挝各界对中日韩各类经济要素具有偏好差异

通过分行业与分省区的数据分析与文本分析发现，老挝对外国的经济要

---

[1] Syviengxay Oraboune, “Lao PDR and its North East Asian Development Partners: China, Japan and Korea”, 2010.

素的正向认知程度，与行业有紧密的关系。中国的投资的确有很多受老挝各界诟病的方面，但对于中国特别是国有大资本主导的大型且较为先进的投资项目，老挝的认知广泛对其呈现正向积极的态度，如各个大型水电站项目等。而日韩方面，尽管对老挝的投资在任何一个行业都低于中国对老挝的投资，但日本尼康公司的制造业投资与韩国 KOLAO 公司的汽车产业投资，由于其对老挝的技术溢出效应，也广受老挝方面的好评。这证明经济要素输入国对于质量高、技术水平高、填补本国产业空白、有益于本国人力资本提升的外国经济要素会呈现更加积极的认知与偏好，这一点对于中国思考产能合作战略具有不言自明的重要意义。

与此相对应的，老挝对中国某些投资项目的认知，则存在一定程度的负面态度。一方面，老挝民众与政府都深刻地认识到老挝经济的增长、社会的综合发展离不开中国的投资，特别是大型的基础设施项目；另一方面，从政府高层到民间小企业的业主，也对中国某些投资项目给老挝带来的负面问题有着清晰的认识。农业项目属于老挝本国既有的产业，而外国质量不甚理想的同产业经济要素的流入，是否会被本国相关利益方所积极欢迎，从客观上说，是有待商榷的。商业流通领域的情况也与此类似，行业内博弈所导致的原有均衡出现变化的因素，同样影响经济要素的正向认知程度。

4. 中国对老挝的发展援助仍有改进空间

发展援助是中日韩三国在老挝的经济要素中的重点项目，但是老挝企业界对于中国提供的官方发展援助却几乎没有多少认知评价，这显示出地方的民众对于中国援助的了解处在非常缺乏的状态。官方发展援助原本应该是惠及老挝当地民生的重要措施，也是中老两国友好邦交的直接体现，更是中国负责任大国的形象构筑工程，而中国近年来成为老挝的第一大双边援助来源国的事实，在老挝民间的认知度如此之低，背后反映了很多问题，值得深思。同时，老挝政界对于中国提供的官方发展援助的正面评价则相对多得多，但相反的批评声音也同样存在。与此对比明显的是，老挝的企业界与政界对日本、韩国的官方援助发展均有积极评价，尽管两者对日韩近年来援助老挝的 ODA 在减少的事实有所认知。如果说老挝民众对于中国官方发展援助缺乏了解只是一个单纯的传播沟通的问题，那么来自老挝政界的批评则不得不令人警醒。

5. 中老铁路项目需加强信息沟通与及时发布

支持老挝的基础设施建设，是中国对外投资合作的重中之重，以中老铁路为典型代表，中方期望能够通过交通基础设施建设，将中老两国互联互通的水平提升到全新的高度，并且在此基础之上推动泛亚高铁的整体建设。但是从中老铁路的专项访谈部分可以看出，老挝政界在充分肯定其巨大的潜在经济效益的同时，对于投资安全、沿线民众安置、老挝能否充分参与到项目中等问题，抱有一定程度的担忧，这是需要中方高度重视并予以解决的；如不能尽快加以改善，则在研究中已经发现的老挝官员特别是高层官员对于该项目在老挝经济主权方面的担忧可能会持续增长。但是正如第 5 章中所述，在近两年来，中老高铁项目出现了可喜的加速建设态势，这与自 2017 年后双方加强了信息沟通与发布的工作是息息相关的。

6.2 老挝的对外经济交往与东盟的局限性

将本书的成果与结论进一步提升，从老挝与东盟在区域经济一体化与双边/多边经济合作的层面进行思考，则可以得到更为重要的启示。一方面，作为较近加入东盟的国家，老挝与东盟之间的经济连结的确不如与中国等域外国家之间紧密，其与东盟内国家，如泰国、越南的紧密政治经济联系其实也存在于东盟结构之外。另一方面，东盟自身实力的局限性，以及其内部各成员国之间巨大的政治体制、经济结构、发展水平等方面的差异，也制约了东盟继续深化其内部的多边合作机制的进程。因此，如本书所揭示出的，老挝与东盟之外的中日韩三国经济联系如此紧密，从东盟的层面角度来理解，也是情理之中的现象。

在观察并研究老挝与中日韩的经济交往中，从数据上观测到中日韩三国作为东盟域外国家却仍然能够对老挝投入可观的经济要素、并使老挝形成深刻认知的现实。实际上，大量对东盟国家政治经济的研究成果已经发现，东盟的经济一体化程度由于各国间较大的差异，至今也不够深入，其最明显的证据即是东盟各国的主要贸易伙伴或投资伙伴几乎都不是东盟内部国家。老挝的情况有所不同：与其相邻的两个东盟国家——泰国与越南同老挝间的经济联系在老挝所有经济伙伴国中占据非常前列的位置。泰国、越南、中国同为老挝的前三大贸易伙伴与投资来源地，而且泰国与越南对老挝的ODA也在老挝双边援助来源中排名较为靠前，此外在赴老挝的人员中，泰国、越南、中国也位列前三。但是尽管数据如此，泰国与越南对老挝的经济影响却并非东盟的区域一体化所造成，而是来源于泰国与老挝之间在语言、文化、民族方面的高度近似性，以及越南与老挝间紧密的政治同盟关系，这些因素的影响远远早于老挝1997年加入东盟所带来的变化。而同为东盟国家的经济较发达的新加坡、马来西亚、印度尼西亚等国家，对老挝的经济影响至今也未有较大变化，但东盟之外的中国则在近年来成为对老挝经济影响最为显著的国家，这充分说明老挝在对外经济交往中，并没有出现对东盟国家的特别偏好；老挝自经济改革以来的对外开放、建立经济特区吸引外资、“资源换资金”等经济政策，对于所有国家都是一致的。本书第3章已有述及，老挝的十个经济特区中，中国参与建立的就有四个，其中两个甚至为中国独资设立；而老挝在矿产开发方面的“资源换资金”政策，以色奔铜矿为代表，先是由澳大利亚出资开发，后又经中国五矿集团进入开发。综上所述可以看出，东盟的经济一体化努力，在老挝的对外经济合作中，仍有较大局限性。

另一方面，从东盟自身的整合与治理能力来看，其局限性也是较为显著的。笔者在本次研究之前，曾对中日韩推动《区域全面经济伙伴关系协定》（*Regional Comprehensive Economic Partnership*，RCEP）建设的基础与可行性进行过专项研究；在该研究的论文中，笔者曾经从东盟实力与国际机制的角度，对东盟的一些局限进行过分析论证。作为硬性管束机制较少、自身角色较偏近“软机制”的区域性组织，东盟的“功能中心”作用远远大于其“权力中心”的作用，甚至在有些领域与议题之下，其作为连结东南亚—东北亚地区经济合作的“功能中心”作用也较难以保证。这首先是由于东盟机构自身的财力与人力资源有限造成的：根据2012年的数据，东盟组织的年运营经济预算仅为1576万美元，考虑到该组织覆盖的十个国家占全球总计近10%的人口，其人均经费仅为2.6美分。[1] 与此相对应的，在人力资源方面，东盟秘

[1] Chongkittavorn, K. “Asean Secretariat must be empowered”, *The Nation*, 2014 - 5, http://www.nationmultimedia.com/opinion/Asean - Secretariat - must - be - empowered - 30182419.html.

书处的全职员工仅为不到300人，其中专业人员更是只有不到70人[1]。而在机制建设方面，惯于应用“东盟方式”、决策依靠全体成员国一致同意方可施行、偏好规则的“灵活性”的东盟，其争端解决、信息沟通协调等机制更是无法保障。因此在本书研究中，笔者对中日韩积极加入并带动RCEP的区域一体化建设持肯定态度，并认为东盟之外的东北亚三个经济强国对亚洲经济一体化的推动作用是无可替代的，其作为有经验的经济大国，在跨国经济合作机制建设中的各项实力尤其是智力支持与财力支持方面，都对东盟及其各成员国具有较强的现实意义。对于本书研究而言，从同样的角度思考并观察老挝与东盟的关系，也可以看到类似的问题存在。东盟对于老挝的社会经济发展的贡献作用，长期以来似乎停留在作为一个整合各类议题的区域性论坛的层面；考虑到东盟的上述实力与能力限制，老挝也不会过度寄希望于仅仅依托东盟组织对老挝本国社会经济发展，以及区域内经济一体化进一步深入带来“一家独大”的贡献，而是在参与包括湄公河次区域合作、澜沧江—湄公河合作、东盟与中日韩的三个自由贸易区及其他的各类区域与双边经济合作机制，包括与亚洲国家以外的地区（如澳大利亚等）的合作上都抱持较开放的态度。

上述的两个思考角度的启示，可以看到中日韩以及其他与老挝进行经济交往的国家在继续加强与老挝的经济联系或是推动各种形式的区域多边合作上，都存在着机遇与空间。对于作为一个区域经济合作组织内部的东盟各成员国来说，东盟自贸区、三个“10+1”自贸区，乃至正在建设中的自贸区从很大程度上讲，都只是深化区域一体化从而实现各方共赢的手段；为实现这样的共赢目标，可以有多种不同的选择，而倡导互联互通、开放包容的“一带一路”倡议，无疑也是这些选择中的一项。回归到对老挝的经济外交政策的思考，更应该注意到其较为实用性的政策偏好实质上为中国进一步加强与老挝的经济交往提供了较多的可能性。在克服自身一些经济形象与经济要素合作行为问题的基础之上，中国与老挝的经济连结势必可以更为紧密，从而为中国在东南亚地区的经济合作工作树立典范。

[1] Ooi Kee Beng, “The 3rd ASEAN Reader”, *Iseas – Yusof Ishak Institute*, 2015, p. 187.

6.3　提升经济形象与优化经济合作

科学研究的意义之一即在于仔细检视问题的存在及其背后的原因，从而能够针对问题做出有针对性的回答。结合上文研究所获得的结论与启示，可以看到，从提升中国在老挝的经济形象、优化与老挝经济合作的形式的角度思考，中国的对外经济合作可以进一步得到优化与提高。

1. 持续提升中国在老挝的经济形象

在本书中，已经充分证明了中国经济要素在老挝的认知中，尽管趋势向好，但经济形象客观上的确有待提高，而那些造成经济形象受损的问题，会使中国在深化与老挝的经济合作过程中受到更多的阻力。而研究选取的参照国日本与韩国，在老挝的经济形象则比中国更为正面，值得中国潜心借鉴。日本与韩国在老挝多年来受到欢迎的做法，尤其是在发展援助惠及普通民众方面，很多都值得中国学习。而日韩特别是日本在商业投资质量、人员素质方面受到老挝欢迎，也并非是由于任何日韩与中国间的先天差异造成的。在这些方面刻意进行培养，是日本长久以来的做法，而韩国也一直在向日本学习。尽管中国流向老挝的中小型商业项目与相关人员，在各个方面的确有水平上的客观限制，但随着中国经济从各个层次加速“走出去”的进程，对于所有相关项目与人员的培训工作都必须得到加强。

在经济交往的参与人员影响经济形象的问题中，除了借鉴日本、韩国加强相关引导与培训等方面以外，也应该从另一个方向进行一定的改善，如尝试建立公安、边检、海关、征信、金融机构等部门的联合数据库机制，加强公民信用制度建设，对于负有一些不良记录的个人，限制其出境的权利。同时，也可以考虑建立常态化的联合执法机制，与老挝方面一道解决某些人员非法滞留当地的问题。此外，中国驻老挝外交领事部门也可以积极开拓渠道，依托当地华人华侨及其他社会组织，为在老挝开展商贸活动的中资私营企业与个人建立信用评价制度，从制度上引导合法守信的经营活动。

对于中日韩出口老挝的产品显著导致老挝认知差异的结果，也对改善中国经济形象具有极大的启示意义。改善“中国制造”的形象，对于改善中国整体的经济认知形象极为重要，这关乎到中国的产业升级能否逐步赢得并维持海外市场的信任。因此，对于中国产品的质量问题，可以考虑由国内工商、质检、海关等有关部门在严格检查出口产品质量的同时，向老挝直接提供政府援助，为老挝政府人员提供必要的职业能力培训和技术装备援助。同时，中国与老挝可以建立湄公河联合巡航机制，共同护航并打击刑事犯罪，则也同样可以密切合作，对在老挝的中国投资进行一定程度上的事前约束与联合管理。

此外，对于老挝政府官员与企业界在认知中国经济要素时出现差异的研究结果，实际上也是在提示中国在做好老挝高层工作的同时，中资企业同样应该进一步做好与老挝民众及工商界的经济交往及公共外交工作，进一步提升老挝传媒界、精英界、公众对于中国经济要素的正面认知。在当地开展业务之前，中资机构可以通过多种渠道展开宣传，介绍某开发合同的整个细节，让政界、民众与舆论界能够了解到这些项目得到了当地政府的许可，或者由所在国的本土公司主导或参与，在公众心中塑造良好形象，还要建立好网站等公共信息栏目，随时积极反馈外界的问题，满足当地民众的知情权。同时，要特别重视现实中的公关活动，经常举办实实在在的慈善性活动，邀请媒体、政界、教育界、科技界等各类当地精英、舆论中坚力量造访公司或项目所在地，开展对话与互动。另外，要注重公关技巧，打造自身保护环境、关爱生态的公益形象。中资企业在老挝的许多项目都是基础设施建设、矿山开采、水电建设等重工程性产业，项目实施过程中不可避免会涉及砍伐森林、征用耕地、筑坝造桥等活动，在这个过程中，往往会遇到影响当地自然环境的问题。在这种情形下，应该加强与外界沟通，积极宣传自己的保护力度，邀请老挝本国媒体以老挝语进行报道，形成好的舆论效果，这样做既安抚了当地民众对国外公司的不信任感，又打造了自己的公益形象。在信息媒介多样化的时代，次主权行为体开展公共外交活动的重要作用，早已成为各国在对外交往工作中的共识，这正是中国为提升包括老挝在内的各个经济伙伴国家的经济形象时需要加以重视的；值得欣慰的是，在本书的主体完成后至今，已经可以看到中方在老挝的各类商业机构与行业协会，如老中经贸促进会等机构开始以上述类似的方式进行各项宣传与沟通工作，各类中老经济交往的正面信息通过中老两国各自流行的媒体平台在不断的发布、被关注，对中老双边乃至中国对东盟各个成员国、“一带一路”的众多参与国家的整体外交工作都是具有脚踏实地推进作用，这与中国当前与上述各国的政治交流、教育合作、文化交往一道，为中国对外形象构筑了坚实的基础。

2. 进一步优化中老经济合作

对于经济要素的跨国流动，本书研究发现要素输入国对于要素特别是投资的行业是具有偏好的。在老挝的认知情况中，已知对于拉动本国社会经济发展的大型且高质量的项目，以及技术含量较高的制造业项目都有更为正面积极的评价与欢迎态度。这一结果的启示正是中国在进一步优化中老经济合作中需要关注的。

产能合作是中国近几年对外经济合作中的一个重要概念；学者钟飞腾在《“一带一路”产能合作的国际政治经济学分析》一文中，对产能合作进行过深入的研究，并提到基于熊彼特的“创造性毁灭”机制引申而来的“创造性转移”机制，认为在“一带一路”的产能合作中，不能只是简单地认为产能合作就是将中国的过剩产能依据比较优势理论转移至相关要素禀赋更为廉价、更具有竞争力的国家，而是应该重视产能转移对中国和要素输入国双方都具有提升创新力的双赢作用❶。观察中国在中老经济合作中，更受老挝欢迎的经济要素，正是具有这样特征的项目。例如，在第3章中介绍的老挝川圹省南椰2水电站项目，不仅中方的建设技术与能力是老挝所需的，而且其采用的BOOT模式，对于双方是一种双赢的模式。中方拥有的特许经营年限保证投资的收回与盈利，而老方又可在经营年限到期后得到水电站的所有权，同时水电站的建设与运营又可以带动所在地方的社会经济发展。像此类的投资项目与经济合作方式，应该继续得到推广。同时，对于技术含量较高的制造业投资而言，其对老挝的吸引力也是非常明显的，而老挝也一直在不遗余力地鼓励外国的此类投资进驻老挝。一家具有技术含量的制造业企业投资老挝的影响，可能会数倍于其他类型的投资。韩国KOLAO公司的成功经验与在老挝的广受好评，以及日本尼康在沙湾拿吉省设厂所受到老挝的广泛关注，

❶ 钟飞腾：《“一带一路”产能合作的国际政治经济学分析》，《山东社会科学》，2015年第8期。

恰恰证明了这一点。在中国的投资行业方面，通过本次研究看到，老挝对中国的大型基础设施建设工程印象深刻，但在访谈与问卷中却基本没有看到对中国制造业企业在老挝投资的评述。因此，对于进一步优化中老经济合作这一点非常值得中国借鉴。

在中老经济合作中，中老铁路项目是最庞大且具有积极意义的。但是，对中老铁路建设的问题，仍需具有足够的耐心，不应冒进。从作为中国国家战略的“一带一路”倡议的角度来看，中老铁路的意义在于互联互通，但是互联互通只是手段而不是目的，促进中国与各“一带一路”沿线国家的共同发展才是目的。本书中得到的老挝各级政府官员关于中老铁路的认知态度，应该予以高度的重视，对受访官员提出的观点，更应该予以充分的考虑。“国家无论大小，主权一律平等”，这是进行对外经济合作中最基础的原则。老挝希望更多地参与中老铁路的建设与建成后的管理，充分评估自身的偿贷能力，希望先行安排好沿线民众的安置工作，以及希望项目的情况更加透明、保持信息的畅通，都是出于国家经济主权最合理的一些诉求。更何况对于一个人口不到700万、经济水平仍较为后进的国家来说，尽管提出了“变陆锁国为陆联国”的战略，但高速铁路项目如何建设、规划布局与施工过程中面临的各类问题如何应对等，也正是如某些老挝受访官员直言“需要更加仔细评估”。在本研究对于中老铁路的部分结束至今的三年中，双方不断的加强合作交流，中方在各个层面都与老方针对该项目加强了信息共享、人员培训等合作，至今为老方技术人员已开设多期中老铁路老方技术人员培训项目，收到了来自老挝各界的高度认可；中方的资金与技术优势，实实在在地助力于老挝的“陆联国战略”，助于力早日建成这条泛亚高铁中线第一站，只有将大规模的经济合作项目建立在对方有实际需求的基础之上，项目才有可能成功。在这一点上，中老合作老挝通信卫星的项目，中国在老挝广受好评的众多大型水电站建设与运营项目，以及自2019年起迅速展开的万象省至万荣省高速公路项目就是最好的例证。

3. 经济要素跨国流动的新形式

本书通过研究中日韩对老挝的经济要素与老挝认知的关联，的研究尽管得到的直接结果是在老挝国内层面的，但是从老挝的对外经济交往偏好及东盟自身能力局限的角度，同样得到了在地区层面的启示。老挝对东盟的多边经济合作机制并无过度偏好，以及东盟自身建设多边合作机制的能力仍然有待加强这两点启示，使更为清晰地认识到对于与包括老挝在内的亚洲国家深化经济合作、推动区域经济一体化的各种机遇。

在本书研究中，笔者得到了老挝各界对来自中国的较大规模、较高质量的经济要素评价更高、认知更为正面的结论；而将这一结论置于老挝与亚洲的区域一体化层面进行思考，则可以发现，中国的机遇来自于亚洲地区经济一体化的巨大提升空间，而中国运用这一机遇的关键则在于与亚洲各个经济后进国家的经济合作中，充分利用那些获得合作国家欢迎与好评的经济要素。区域经济一体化需要政府间合作的推动，但同时，政府间合作也需要遵循经济的客观规律，以及双方经济合作中的所有参与者的认同与支持；经济要素的跨国流动可以由政府促成，但可持续的、长久的经济要素跨国流动则不可能完全依赖于此，而是需要以合作中包括双方政府部门、经济实体在内的各方均衡获益作为前提。

对于在研究中老经济合作中发现的那些使老挝各界都呈正向认知，且创造了中老两方双赢局面的经济要素跨国流动，笔者希望能够称其为“经济要素跨国流动的新形式”，旨在回应当前全球化继续深入、传统的一些基于民族国家利益的经济要素跨国流动所具有的狭隘性正在被被逐渐颠覆的现实环境。与“创造性转移”概念相类似，那些较受老挝各界好评与欢迎的外国经济要素表现形式，由于其双赢的性质及并不完全等同于自由主义经济比较优势理论所推导出的要素跨国转移，正是这种“经济要素跨国流动新形式”的具体体现；通过政府间合作，搭建对双方国内各利益相关方都有益的经济合作平台与议题，并遴选与引导能够达成这种效果的经济机构进行真正互利共赢的产能合作，同时各类经济机构也在符合各自比较优势的市场规律下，进行跨国的经济要素自主流动。由于兼顾了各方的均衡获益，这样的“新形式”已经受到并会继续受到要素输入国所有利益相关方的正向评价；而认知理论由此及彼的传导规律则使相信，这样的正向认知会在与中国进行经济合作的各个国家间不断传播与放大，从而提升中国的经济形象，继而进一步助力于包括“一带一路”倡议在内的中国对外经济合作，形成一个可持续的良性循环。在当前中国继续担当“负责任大国”的形象、建设“人类命运共同体”美好愿景的形势下，以“经济要素跨国流动的新形式”作为对外经济交往的出发点，在自上而下与自下而上的双边或多边经济交流并重的过程中，必将为经济全球化在21世纪的新发展带来一种真正互利共赢、优化现有的跨国经济合作机制与规则，同时不断提升中国作为经济大国的正面形象的积极趋势。

6.4 回顾与展望

在进行本书研究的过程中，对于社会科学的严谨性与科学化的意识一直贯穿始终。通过对老挝这个与中国经济交往密切、政治体制近似的国家的现实观察，对可能存在规律性的现象进行猜测，从而构建出研究问题。在对问题的提炼、可操作化、选取研究工具、搭建理论框架、直至进行分析、得出结论的整个过程中，每一步都力求符合社会科学的规范。

如在绪论中所论述的那样，中国的经济要素与老挝的对华经济形象的认知这一问题，是对东南亚地区的国际政治经济研究中非常难得的一个样本。老挝在东南亚各国中的中立性使得对中老经贸关系与老挝对华认知的研究具有很高的可信度。为增强对研究结果的说服力，选择了日本与韩国作为参照，将它们在老挝的经济要素与老挝对其认知进行相同的研究分析。

在理论框架的构建中，本书广泛梳理了国际政治经济学中现有的关于经济要素跨国流动的各种理论，以及国际关系中对于认知研究的理论与研究现状，从而为本书的理论分析创建了平台，从超越某种单一的学术意识形态的角度，综合现有的相关理论成果，阐明了外国经济要素影响本国对其认知的三种因素，并将其作为本次研究的出发点。

笔者对原因变量“中日韩在老挝的经济要素”的界定，不仅仅是一个研究方法论上的操作过程，更是一次针对当前国际关系学对老挝国别研究不甚充足的资料进行的补充。经过大量的收集获取一手数据与资料并反复的归类、整理、核对，确信在第3章中呈现出的中日韩在老挝经济要素存在的情况数据是高质量的，也是现有对老挝的国别研究中较为全面与具有时效性的。

在数据与文本分析中使用的原始资料也是独创性的。本书对于老挝认知的测量，没有任何的现成数据可供参考或使用，所有的数据都是来源于在老挝直接进行的访谈与问卷发放；尽管这样做的工程量之浩大难以想象，从问卷的发放到回收，再到翻译与整理，每一步都耗费了大量的时间与精力，更不必赘述在联系众多的当面访谈时所耗费的资源与时间。但也正因为此，笔者才可以将老挝对中日韩经济形象的认知的测量做到限定性较强的效果，并通过各有侧重的分析工具获得了可靠性较强的研究结论。

本书的研究意义是存在于学术研究与政策研究两个层面的。对于老挝对中日韩经济形象的认知变化的实证性研究，既是试图寻求一般性规律的过程，也是为使中老两国间更好地继续推进、深化经济合作而寻找亟须改善的问题。最终的研究结果是比较理想的，不仅找到了一般性的规律，也使找到了一些影响中老经济关系的问题；结合本书的研究结果与东盟地区层面的分析角度，又在中老经济合作的基础上，提出了对中国与其他国家间的经济合作同样具有建设性的几点思考。

最后，对于老挝的国别研究来说，仍有继续深入的空间。如果按现有的研究思路继续进行下去、并且能够获得准确可靠的数据，可以尝试更加深入一步，对老挝的各个行业部门与中国的经济联系及其对老挝政治决策的影响进行实证性的研究，从而充分利用中老经济关系这一在社会科学中难得的较少杂质的研究样本，以期进一步发展国际政治经济学对国内行业或利益集团与国家对外决策之间关系的研究。同时，与本书研究内容类似的国别研究也可以在与中国有紧密经济联系的其他国家中以相同的研究方式展开，以期进一步检验本书发现的一般性规律是否在中国与其他经济后进国家，以及其他经济先进国家与后进国家的经济要素流动中存在。在国际关系研究中，应该将国别研究看作是那些宏大课题的基础；只有以一个个严谨、坚实、符合社会科学规范的国别研究作为基础，才有可能支撑起更为宏观、更具广泛解释力的理论的发展，从而脚踏实地地推进国际关系与国际政治经济学的理论前沿。

参考文献

[1] 弗兰克. 依附性积累与不发达［M］. 高铦，高戈，译. 北京：译林出版社，1999.

[2] 阿查亚. 建构安全共同体：东盟与地区秩序［M］. 王正毅，冯怀信，译. 上海：上海人民出版社，2004.

[3] 卡赞斯坦，基欧汉. 世界政治中的反美主义［M］. 北京：中国人民大学出版社，2012.

[4] 霍顿. 政治心理学：情境、个人与案例［M］. 尹继武，林民旺，译. 北京：中央编译出版社，2013.

[5] 皮尔逊，巴亚斯里安. 国际政治经济学：全球体系中的冲突与合作［M］. 杨毅，钟飞腾，苗苗，译. 北京：北京大学出版社，2006.

[6] 迈耶，西尔斯. 发展经济学的先驱［M］. 北京：经济科学出版社，1988.

[7] 吉尔平. 国际关系政治经济学［M］. 杨宇光等，译. 上海：上海人民出版社，2006.

[8] 吉尔平. 跨国公司与美国霸权［M］. 钟飞腾，译. 北京：东方出版社，2011.

[9] 杰维斯. 国际政治中的知觉与错误知觉［M］. 秦亚青，译. 北京：世界知识出版社，2003.

[10] 罗斯托. 经济成长的阶段［M］. 国际关系研究所编译室，译. 北京：商务印书馆，1962.

[11] 波特. 竞争战略［M］. 陈小悦，译. 北京：华夏出版社，2004.

[12] 埃尔斯特. 政治心理学［M］. 陈秀峰，胡勇，译. 长春：吉林出版集团有限责任公司，2010.

[13] 斯滕伯格. 认知心理学［M］. 杨炳钧等，译. 北京：中国轻工业出版社，2006.

[14] 塔林. 剑桥东南亚史［M］. 贺圣达等，译. 昆明：云南人民出版社，2003.

[15] 赫尔德，麦克格鲁，等. 全球大变革——全球化时代的政治、经济与文化［M］. 杨雪冬等，译. 北京：社会科学文献出版社，2001.

[16] 埃文斯. 老挝史［M］. 郭继光，刘刚，王莹，译. 北京：东方出版中心，2011.

[17] 斯特兰奇. 国家与市场 [M]. 杨宇光等，译. 上海：上海人民出版社，2006.

[18] 樊勇明，薄思胜. 区域公共产品理论与实践——解读区域合作新视点 [M]. 上海：上海人民出版社，2011.

[19] 樊勇明，钱亚平，饶芸燕. 区域国际公共产品与东亚合作 [M]. 上海：上海人民出版社，2014.

[20] 米良. 老挝人民民主共和国经济贸易法律选编 [M]. 北京：中国法制出版社，2006.

[21] 王正毅，MILES KAHLER，高木诚一郎. 亚洲区域合作的政治经济分析：制度建设、安全合作与经济增长 [M]. 上海：上海人民出版社，2007 年。

[22] 王正毅. 边缘地带发展论 [M]. 上海：上海人民出版社，1997.

[23] 王正毅. 国际政治经济学通论 [M]. 北京：北京大学出版社，2010.

[24] 韦民. 民族主义与地区主义的互动——东盟研究新视角 [M]. 北京：北京大学出版社，2005.

[25] 韦民. 小国与国际关系 [M]. 北京：北京大学出版社，2014.

[26] 尹继武. 社会认知与联盟信任形成 [M]. 上海：上海人民出版社，2009.

[27] 张彬. 国际区域经济一体化比较研究 [M]. 北京：人民出版社，2010.

[28] 张云. 国际政治中"弱者"的逻辑——东盟与亚太地区大国关系 [M]. 北京：社会科学文献出版社，2010.

[1] PANKEO VIENG - VILAY. 老挝经济特区与经济专区投资的机遇与挑战 [J]. 沈阳工业大学学报（社会科学版），2016 (9).

[2] 陈玲. 老挝公务员制度探析 [J]. 东南亚纵横，2011 (5).

[3] 方芸. 老挝全方位外交政策与老中关系 [J]. 东南亚南亚研究，2011.

[4] 李少丹. 国际政治中的认知转变：以美国对中国的"认知转变"为例 [J]. 国际政治科学，2013 (3).

[5] 梁洨洁，王高. 浅析老挝的公务员制度与改革趋势 [J]. 东南亚纵横，2008 (4).

[6] 秦磊. 中国对外直接投资对 GMS 东道国影响分析——以越南、柬埔寨、老挝为例 [J]. 学术探索，2011 (4).

[7] 王怀豫，方丽莎，胡瑞法. 中国与老挝经贸关系的可持续性研究 [J]. 经济论坛，2014 (10).

[8] 王珏，汪伟民. 国家形象的心理形成机制初探 [J]. 国际论坛，2007 (4).

[9] 吴秀明，方爱武. 论全球化语境下"中国形象"的塑造与传播 [J]. 浙江大学学报

（人文社会科学版），2010（6）.
［10］尹继武. 国际政治心理学的知识谱系［J］. 世界经济与政治，2011（4）.
［11］尹继武. 认知心理学在国际关系研究中的应用：进步及其问题，外交评论，2006（4）.
［12］张建中. 新形势下中国与老挝双边贸易关系研究［J］. 东南亚纵横，2012（1）.
［13］张清敏. 国际政治心理学流派分析［J］. 国际政治科学，2008（3）.
［14］张毅，张玉. 境外农业投资企业社会责任问题研究——以中国对老挝农业投资企业为例［J］. 经济研究导刊，2014（1）.
［15］郑一省，王建坤. 老挝经济发展及其与中国的经贸合作［J］. 亚太经济，2012（5）.
［16］钟飞腾. “一带一路”产能合作的国际政治经济学分析［J］. 山东社会科学，2015（8）.

［1］BARRO R，SALA – I – MARTIN X. Economic Growth［M］. New York：McGraw Hill，1995.
［2］BEYNON J，DUNKERLEY D，eds. Globalization：The Reader［M］. London：The Athlone Press，2000.
［3］BRONSON P. The Dragon Looks South：China and Southeast Asia in the New Century［M］. Westport：Praeger Security International，2007.
［4］CLARK S，SMETHURST P. Asian Crossings：Travel Writing on China，Japan and Southeast Asia［M］. Hong Kong：Hong Kong University Press，2008.
［5］COHEN W I. East Asia at the Center［M］. New York：Columbia University Press，2000.
［6］DRYSDALE P，ZHANG D. Japan and China：Rivalry Or Cooperation in East Asia［M］. Hong Kong：Asia Pacific Press，2000.
［7］DUNNING J，LUNDAN S. Multinational Enterprises and the Global Economy［M］. Northampton：Edward Elgar Publishing Limited，2008.
［8］GILPIN R. Global Political Economy：Understanding the International Economic Order［M］. Princeton：Princeton University Press，2017.
［9］GUY F. New dynamics between China and Japan in Asia：how to build the future from the past［M］. New Jersey：World Scientific，2010.
［10］LEIFER M. ASEAN and the Security of South – East Asia［M］. London：Routledge，1989.
［11］LYNTON R. Introducing Political Science：Themes and Concepts in Studying Politics［M］.

London: Longman, 1985.

[12] MILNER H. Interest, Institution, and Information: Domestic Politics and International Relations [M]. Princeton: Princeton University Press, 1997.

[13] SAICH T. Governance and Politics of China [M]. New York: Palgrave, 2001.

[14] SUN J. Japan and China as charm rivals: soft power in regional diplomacy [M]. Ann Arbor: University of Michigan Press, 2012.

[15] TAGLIACOZZO E, CHANG W. Chinese circulations: capital, commodities, and networks in Southeast Asia [M]. Durham: Duke University Press, 2011.

[16] LAM PENG ER, VICTOR TEO. Southeast Asia between China and Japan [M]. London: Cambridge Scholars Publishing, 2011.

[17] WADER. Governing the Market: Economic Theory and the Role of Government in East Asian Industrialization [M]. New Jersey: Princeton University Press, 1990.

[1] ANDRESSEN C. Competition for influence: a comparison of Chinese and Japanese FDI in Southeast Asia [J]. Taiwanese journal of WTO Studies, 2008.

[2] CASTROR. China and Japan in maritime Southeast Asia: extending their geo - strategic rivalry by competing for friends [J]. Philippine political science journal, 2013.

[3] CHEONG J. Korean's economic relations with CLMV countries [J]. Economic relations, 2008: 262 - 297.